영유아 사회정서행동 I

진단평가 및 개별화 교육활동

심숙영 지음

도서출판 피란마음

머리말

영유아기는 전 인간발달 과정에 있어서 가장 빠르게 변화하고 발달하는 시기이며, 이후 발달의 기초가 되는 중요한 시기이다. 영유아는 부모나 형제, 또래, 교사 등과 상호작용을 하면서 자신의 감정을 표현하는 방법을 배우게 되며, 습득한 정서적 경험을 통해 대인 관계를 원활히 맺는 법을 익히게 된다. 영유아기 초기에 경험하는 다양한 자극과 적절한 애정과 상호작용은 사회정서발달의 기초가 되는 감정이입 및 자아개념, 사회적 기술과 관계를 형성하도록 도와준다. 영유아의 사회정서발달은 특히 향후의 행동들 즉, 또래놀이에서의 감정 표현, 유아교육기관과 학교에서의 적응, 부모와 다른 성인과의 애착 등을 결정하는 데 중요한 역할을 한다.

맞벌이 부부 증가, 부모의 이혼, 한부모 가정이나 조부모 가정 등 어머니의 취업이나 부재가 증가하면서 영아들의 보육시설 취원 시기가 빨라지고, 영유아들이 보육시설에 있는 시간이 길어지고 있다. 이에 부모보다는 교사가 영유아의 사회정서발달에 직 · 간접적인 영향을 미치며, 사회정서적 문제행동을 조기에 발견하거나 개입할 수 있는 기회도 더 많다. 따라서 보육교사는 영유아기의 사회적 · 정서적 발달을 촉진하고 지원하며, 보육과 교육을 해야 하고 동시에 일상생활 속에서 자유놀이시간에 영유아의 사회정서발달 위기 요인을 조기발견하고 개입해야 한다.

『영유아 사회정서행동 I』은 크게 3부분으로 구성되어 있다. 제1장은 영유아 사회정서발달, 제2장은 영유아 사회정서행동 진단평가, 제3장은 영유아 사회정서행동을 위한 개별화 교육 및 실제로 이루어져 있다. 제1장은 영유아 사회정서발달과 관련된 제반 이론 및 사회정서발달 특성에 초점을 맞추어서 기술하였다. 제2장은 교육현장에서 교사들이 영유아의 이상적 사회정서행동을 쉽게 파악하고 진단 · 평가할 수 있도록 척도 개발에 중점을 두어서 서술하였다. 마지막으로 제3장은 영유아 사회정서행동의 발달적 위기 요인을 파악하고 교육현장의 일상적인 활동 내에서 발견한 영유아 사회정서행동을 지도할 수 있도록 개별화 교육과 실제에 대해 기술하였다.

이 『영유아 사회정서행동』은 영유아교육학과, 보육학과, 유아교육학과, 아동학과 등에서 영유아의 사회정서발달과 행동에 관련하여 진단평가하고 개별화 교육을 위해 실제로 적용해보고 활용할 수 있다. 뿐만 아니라 영유아를 양육하는 부모와 영유아보육에 종사하는 관계자 등은 물론이고 영유아 사회정서발달과 행동에 관심이 있는 모든 분들에게 참고와 도움이 되었으면 한다.

이 책이 출간되기까지 도움을 주신 분들이 많다. 먼저 영유아의 사회정서발달과 행동, 교육과 실제를 쓸 수 있도록 항상 조언을 해주고 지지해준 강선생님, 언제나 적극적으로 도와준 오교수님, 교육현장의 생생한 목소리를 전해준 우리 영유아교육 전공 대학원생들과 사랑하는 가족들에게 고마운 마음을 전하고 싶다. 그리고 이 책의 출판을 맡아주신 도서출판 파란마음 황호철 대표님과 직원들의 노고에 감사드린다.

차례

1

영유아 사회정서발달

1 영유아 사회정서발달 이론

2 영유아 사회정서성

3 영유아 정서

4 영유아 자아

5 영유아 사회성

1 영유아 사회정서발달 이론

에릭슨은 프로이트의 기본적인 심리성적 틀에 근거하여 각 단계에서 인간의 심리사회 발달 특성을 제시하였다. 에릭슨에 의하면 인간은 8단계를 거치면서 발달하는데, 각 단계에서 인간은 사회 구성원으로 적응하게 되는 태도와 기술을 습득하며(Berk, 2011), 긍정적 정서와 부정적 정서 간에 일어나는 갈등을 해결한다(Kostelnik, Whiren, Soderman, & Gregory, 2009). 모든 유아는 각 단계에서 어느 정도 양극단의 정서를 경험하지만, 긍정적인 정서의 비율이 좀 더 높을 때에 최적으로 사회정서발달을 하게 된다. 각 단계는 순서대로 발달하며, 다음 단계의 기초가 된다. 영유아기는 에릭슨 발달단계 중 기본적 신뢰감 대 불신감, 자율성 대 수치심과 의심 단계에 해당된다.

에릭슨의 심리 사회적 단계 중에 기본적 신뢰감 대 불신감, 자율성 대 수치심과 의심이 영유아기의 사회정서발달을 가장 잘 설명해 줄 수 있다. 먼저, 기본적 신뢰감 대 불신감을 살펴보면, 영아기 동안에 긍정적인 사회정서의 결과는 보살핌의 질에 달려 있다. 즉, 적절하고 민감하게 아기의 불편함을 경감시켜주는 것, 아기를 부드럽게 안아주는 것, 아기가 충분히 우유를 먹을 때까지 인내심 있게 기다려 주는 것 등이다(Berk, 2011). 양육자의 보살핌이 공감적이고 애정을 담고 있을 때에 생후 첫해의 심리적 갈등-기본적 신뢰감 대 불신감은 긍정적인 사회정서의 방향으로 해결된다.

둘째, 자율성 대 수치심과 의심을 살펴보면, 양육자가 아이들에게 적절한 인내와 합리적인 대안들을 제공해 줄 때에 걸음마기의 갈등인 자율성 대 수치심과 의심은 순조롭게 해결된다. 탐색하거나 독립적으로 행동하려 할 때에 양육자가 조바심을 내거나 지나친 비판, 조롱, 신체적 통제를 하게 되면 유아의 수치심과 회의감이 발달하게 된다(Kostelnik et al., 2009). 반면 숙달할 수 있는 기회를 제공하고 선택권을 주며 행동을 제지할 경우에는 분명하고 긍정적인 메시지를 전달해주면 유아의 자율성이 발달된다.

표 1-1 에릭슨의 심리 사회적 단계

연령	단계	과업	주요사회기관
생후~1세	• 기본적 신뢰감 대 불신감	• 주양육자와 신뢰적 관계 형성하기: 자신, 타인, 세상에 대해 자신의 요구가 수용되는 곳이라는 신뢰감 발달시키기	• 부모/가족
1~3세	• 자율성 대 수치심/회의	• 독립심 추구하기	• 부모/가족/양육자
3~6세	• 주도성 대 죄책감	• 활동을 계획하고 수행하며, 사회의 경계를 학습하기	• 가족/양육자
6~12세	• 근면성 대 열등감	• 생산적이고 성공적이기	• 교사/또래
12~20세	• 정체성 형성 대 역할 혼미	• 사회적, 직업적 정체감 형성하기	• 또래
20~40세	• 친밀감 대 고립감	• 확고한 우정 형성하기와 동료애와 사랑받는다는 느낌 갖기	• 친구/애인/배우자/파트너
40~65세	• 생산성 대 침체	• 가족과 일에서 생산적이기	• 배우자/파트너/자녀/문화
65세 이상	• 자아통합 대 절망	• 의미있고 생산적인 것으로 일생을 되돌아보기	• 가족/친구/사회 요약

| 출처 | Berk(2011). Development through the lifespan(6th ed.). Boston, MA: Allyn & Bacon.

2 영유아 사회정서성

영아가 세상에 대해 갖는 첫 정보는 다른 사람이 돌봐줄 경우에 영아가 받는 감각에 기초한다(Kostelnik et al., 2009). 지각 능력은 사회정서성 발달에 중요하다. 이는 영아가 사회정서적 환경, 특히 인간의 얼굴, 목소리, 냄새에 잘 반응하기 때문이다. 신생아는 엄마가 말할 때에 엄마 쪽으로 머리를 돌리고, 체취로 엄마를 인식할 수 있으며, 생후 6개월 정도가 되면 친숙한 성인을 알아볼 수 있다. 영아는 감각을 사용하여 자신의 삶에서 중요한 사람들을 알아본다. 또한 영아는 감각을 함께 사용하여 부모와의 애착과 특정 교사를 좋아하는 것과 같은 기초적인 사회정서적 관계를 만들어 간다.

1) 애착

애착이란 특정 대상과 접촉하고 근접하려는 정서적 유대 관계를 말한다. 보울비(Bowlby, 1969)는 애착을 '부모와 영아 사이의 애정의 끈'이라고 하였다. 이러한 애정의 끈은 눈에 보이는 행동으로 나타나는데, 초기에는 잡기, 울기, 옹알이 등의 형태로 나타나며, 그러다가 성인과 신체적 접촉을 유지하게 하고, 이후에는 성인과의 근접성을 유지시킨다. 영아가 성장하면서 이들의 애착 행동은 미소 짓기, 가리키기, 쫓아가기, 장난감 제공하기 등의 형태로 나타난다. 아기들은 환경 내에서 성인을 인식하고 그들로부터 양육 행동을 유발하기 위해 감각 능력을 사용한다. 좀 더 큰 유아들은 좋아하는 성인을 붙잡기 위해서 만지기, 가까이 다가가는 것과 같은 애착 행동을 한다.

생애 첫해의 후반 6개월 동안에 영아는 자신의 요구에 반응해주는 친숙한 사람에게 애착을 형성하게 되며 2세까지로 알려져 있다(곽노의 외, 2007). 일반적으로 영아는 일관되고 반응적인 양육을 하는 어머니에게 애착을 형성한다. 그러나 애착 대상은 영아의 신호에 반응적이고 영아의 요구를 정기적으로 충족시켜 주는 사람이라면 아버지, 조부모, 혹은 형제가 될 수 있다(Kostelnik et al., 2009). 이러한 사람을 주양육자라 지칭한다.

애착에 대한 보울비의 개념에 기초한 애착 단계는 다음과 같다(Shaffer, 2005).

- 비사회적 단계(ascoial phase, 0~6주): 매우 어린 영아는 많은 사회적, 비사회적 자극에 호의적인 반응을 보이고 거의 어떤 저항도 보이지 않는다는 점에서 다소 '비사회적'이다. 이 기간의 마지막 단계 중에 영아는 미소 띤 얼굴과 같은 사회적 자극에 대한 선호를 보이기 시작한다.

- 비변별적 애착 단계(phase of indiscriminate attachment, 6주~6, 7개월): 영아는 분명하게 인간을 좋아하지만 다소 비변별적이다. 즉, 봉제인형처럼 생명체로 보이는 대상보다 사람들을 향해 더 많이 미소 짓는다. 그리고 어떤 성인이 그들을 바닥에 내려놓을 때마다 소란을 피우기도 한다.

- 특수 애착 단계(specific attachment phase, 7~9개월): 7~9개월 사이에 영아는 특정한 한 개인으로부터 분리되었을 때만 저항하기 시작한다. 그 대상은 대개 어머니이다. 이제 길 수 있게 된 영아는 자주 어머니 가까이 있으려고 어머니 뒤를 따라다니고 어머니가 돌아오면 따뜻하게 맞이한다. 또한 낯선 사람들을 다소 경계한다.

- 다인수 애착 단계(phase of multiple attachment): 최초 애착을 형성한 후 몇 주 내에 영아는 아버지, 형제 · 자매, 조부모, 베이비시터와 같은 타인들에게도 애착되었다. 생후 18개월에는 아주 소수의 영아만이 단지 한 사람에게 애착되고 어떤 영아들은 다섯 명 이상의 사람들에게 애착되었다.

에인스워스(Ainsworth, 1983)는 낯선 상황 실험을 실시하여 애착형성을 안정애착, 회피애착, 저항애착으로 분류하였으며, 이후 메인과 솔로몬(Main & Solomon, 1986)은 낯선 상황 실험에서 분리와 재결합 상황을 분석한 결과, 이들 세 유형에 속하지 않는 또 다른 유형을 혼란애착으로 명명하였다.

- 안정애착(secure attachment): 연구 대상의 65% 정도를 차지하는 안정애착 유형은 주위를 탐색하기 위해 어머니로부터 쉽게 떨어진다. 그러나 낯선 사람보다 어머니에게 더 많은 관심을 보이며, 어머니와 함께 놀 때에 밀접한 관계를 유지한다. 또한 어머니와 분리되었을 때에도 능동적으로 위안을 찾고 다시 탐색을 한다. 어머니가 돌아오면 반갑게 맞이하며 편해진다.
- 회피애착(avoidant attachment): 연구 대상의 20% 정도를 차지하는 회피애착 유형은 어머니에게 반응을 별로 보이지 않는다. 이들은 어머니가 방을 떠나도 울지 않고, 어머니가 돌아와도 무시하거나 회피한다. 어머니와의 관계에서 친밀감을 추구하지 않으며, 낯선 사람이나 어머니에게나 유사한 반응을 보인다.
- 저항애착(resistent attachment): 연구 대상의 10~15%를 차지하는 저항애착 유형은 어머니가 방을 떠나기 전부터 불안해하며, 어머니의 옆에 붙어서 탐색을 거의 하지 않는다. 어머니가 방을 나가면 심한 분리불안을 보인다. 어머니가 돌아와서 안아주어도 안정감을 얻지 못하고 심한 분노를 보이면서 소리를 지르거나 밀어낸다.
- 혼란애착(disorganized attachment): 연구 대상의 5~10%를 차지하는 혼란애착 유형은 불안정애착의 가장 심한 형태로 회피애착과 저항애착이 혼합된 것이다. 어머니와 재결합했을 때에는 얼어붙은 표정으로 어머니에게 접근하거나 어머니가 안아줘도 먼 곳을 쳐다본다.

애착 관계는 이후의 사회적 참여의 기초를 형성한다. 영아가 애착을 형성하는 성인은 탐험을 위한 안전 기반이 되고, 영아의 전반적인 발달과 사회적 경험에 영향을 미치게 된다. 예를 들어, 안정적 애착은 자기 가치감, 자신감, 자기 효능감의 발달과 관련이 있으며, 정서적인 친밀감을 형성하기, 보살핌을 구하고 받기, 타인을 보살피기 등처럼 밀접한 대인 관계를 형성하는 데 필요한 기술과 관련이 있었다(Sroufe, 1988). 생후 첫 1년 동안에 안정적으로 애착을 형성한 영아는 타인을 신뢰하므로 걸음마 시기나 유아기에 또래, 교사, 다른 성인과의 관계에서 보다 긍정적이고 친사회적인 관계를 발달시키는 경향이 있었다(Frankel & Bates, 1990).

반면, 불안정한 애착을 형성한 영아는 안정된 애착을 형성한 영아에 비해 걸음마기에 덜 순응적이며 덜 협조적이었다. 타인과의 관계에서 더 많이 경계하며, 더 많이 화를 내고 또래, 교사, 성인들과 조화로운 관계를 형성하는 데 어려움이 있었다. 42개월에 비교했을 때는 자아탄력성과 자존감이 더 낮고, 덜 독립적이며, 덜 순종적이고, 덜 감정이입적이며, 사회적으로 덜 유능하였다(Waters & Deane, 1985). 유아기에는 과도한 의존성과 위축 행동을 보이는 경향이 있었다(Erikson, Sroufe, & Egeland, 1985). 애착의 질은 개인차가 있어 영아가 무엇인가를 요구했을 때에 성인이 예측 가능한 반응을 보이지 않으면, 영아는 조직화되지 않은 애착을 형상하게 되기 때문에 영아기에는 애착의 질은 매우 중요하다.

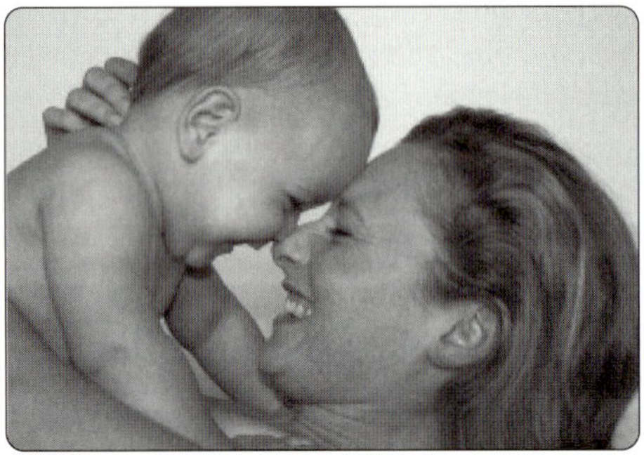

| 출처 | conscious solutions(http://conscioussolutions.com.au/attachment-versus-detachment-in-intimate-relationship/)

2) 기질

영아는 독특한 성격을 갖고 있고 유전적인 영향을 받으며 전 생애를 통해 발달에 영향을 미치는 기질을 가지고 태어난다. 기질은 개인의 행동 스타일과 정서적으로 반응하는 특징적 방법이다. 기질은 영아가 왜 무언가를 하는지, 혹은 얼마나 잘 성취하는지를 설명해 주지는 않지만, 영아가 특정 정서 상태에 있을 경우에 나타내는 행동양식이다(Kristal, 2005). 일반적으로 기질은 크게 4가지 유형이 있다.

- 순한 아동(40%)은 일반적으로 행복하고, 우호적이며, 예측 가능하고 적응적이다.
- 반응이 느린 아동(15%)은 정서적으로 약하게 반응하며, 계획된 활동에서는 예측 가능하지만 새로운 상황에서는 주저한다. 그리고 반복해서 경험한 후에야 새로운 사람이나 상황에 참여한다.
- 까다로운 아동(10%)은 크게 그리고 오래 웃거나 짜증을 많이 낸다. 강한 정서, 불규칙적인 수면이 이 유형의 특징이며 예측할 수 없고 화를 잘 내며 매우 활동적이다.
- 나머지 아동(35%)은 이 세 가지 기질 유형 중 하나에 속하지는 않지만, 활동 수준과 긍정적인 정서, 행동 유형의 규칙성 정도에서 독특한 조합을 보여준다.

이러한 특성을 근거로 하여 토마스와 체스(Thomas & Chess, 1985)는 기질의 구성요인을 다음과 같이 9가지로 제시하였다.

표 1-2 토마스와 체스(Thomas & Chess)의 기질 구성 요인

구성 요인	설명
활동성(activity)	• 젖 먹기, 목욕하기, 옷 입기 등의 일상생활에서 영아가 하는 신체 활동의 양
규칙성(rthythmicity)	• 수유 시간, 수면의 주기, 배변습관 등의 예측 가능성
접근/회피 (approach/withdrawal)	• 새로운 사건이나 자극(장난감이나 음식)에 영아가 어떤 반응(접근 또는 회피)을 보이는가?
적응성(adaptability)	• 변화된 상황에 영아가 얼마나 쉽게 적응하는가?
반응강도(intensity)	• 영아가 보이는 긍정적 또는 부정적 반응의 강도
반응역치(threshold)	• 영아의 반응을 유발하는 데 필요한 자극의 양
기분(mood)	• 영아가 보이는 행복하고 기분 좋은 반응의 빈도와 불행하거나 부정적인 행동의 빈도
주의산만성(distractibility)	• 외부 사건이나 자극에 의해 영아가 현재 하고 있는 행동이 쉽게 방해받는 정도
지구력(attention span and persistence)	• 어떤 활동의 지속 시간과 장애를 직면했을 때 그 활동을 계속하려는 의지

| 출처 | Thomas & Chess (1985). The New York Longitudinal Study: From infancy to early adult life. In R. Plomin & J. Dunn(Eds.), The study of temperament: Changes, continuities, and challenges. Hillsdale, NJ: Erlbaum.

영아의 기질적 특성은 태어나면서부터 바로 양육자와의 상호작용에 영향을 미친다. 예를 들면, 금방 화를 내는 아이도 있고 반응이 느린 아이도 있으며, 수줍어하는 아이도 있고, 두려움을 모르는 아이도 있다. 이러한 기질 차이는 정서적 행동의 양과 강도, 그리고 반응 시간과 지속 시간에 있어서의 차이이다. 영아가 가지고 있는 어떤 기질의 특성군은 양육자를 힘들게 하기도 하며, 어린이집에서의 적응뿐 아니라 양육자와 영아 간의 사회적 경험의 질에도 영향을 미친다(Coplan, Bowker, & Cooper, 2003). 코스텔닉 등(Kostelnik et al., 2009)은 기질의 특성군을 다음의 3가지로 분류하였으며, 각 기질 특성의 장점과 어려움을 제시하였다(| 표 1-3 | 참조).

첫 번째 기질군의 부정적 정서는 정서적 반응성과 정서 조절에서의 어려움을 포함하는 개념이다. 부정적 정서의 특성을 지닌 영아는 자극에 대해 매우 강하게 반응하는 경향이 있으며, 대부분 불만과 같은 부정적인 기분을 갖는다.

두 번째 기질 특성군인 통제에 대한 저항은 짧은 주의집중과 잘 동의하지 않는 것, 보상을 주는 자극에 강하게 주의를 기울이는 특성을 포함하는데, 이러한 영아는 다루기가 쉽지 않다.

세 번째 집단은 수줍음과 위축된 행동을 보여주는 영아들인데 이 영아들은 새로운 상황과 사람들을 경계하는 경향이 있다.

표 ❶-3 각 기질 특성의 장점과 어려움

기질 특성		정도	장점	어려운 점
긍정적인 정서	협동심, 다루기 쉬움, 웃음과 미소의 양	높음	• 성인 및 다른 영아와 우호적인 사회적 관계를 잘 맺을 수 있다.	• 낯선 사람에게 잘 다가가 위험할 수 있다. 언제 신뢰해야 할지를 알 수 있도록 지도해야 한다.
짜증	떼쓰기, 좌절, 한계 설정에 대한 분노, 까다로움	높음	• 자원이 제한되어 있는 상황에서도 자신이 원하는 것을 가질 수 있다.	• 사회적 상호작용을 유지하고 다른 사람에 대한 공감 능력을 발달시키도록 도와주어야 한다.
두려움	위축, 새로운 상황에 적응하기의 어려움, 적응성	높음	• 주양육자 주변에 항상 머물러, 다른 사람과 상호작용 하는 데 있어 더 많은 지원을 받고 더 많은 말을 들을 수 있다.	• 새로운 양육자에 익숙해지는 데 도움을 필요로 하며, 새로운 상황에 참여하게 하려면 많은 지원을 해주며 천천히 시도해야 한다.
활동 수준		높음	• 특정한 시간 동안 그 환경에 있는 사물과 더 많이 접하고, 운동량이 많다.	• 하나의 활동을 완전히 끝마칠 때까지 주의집중하도록 도와주어야 하며, 감독하기가 어렵기 때문에 다칠 가능성이 많다.
주의집중/지속성	영아가 주의집중하는 시간	높음	• 이러한 특성을 지닌 영아는 문제해결을 잘 하고, 세부 사항에도 주의를 잘 기울인다.	• 세상에 노출되는 데에 있어 다양성 없이 스스로 제한하기 때문에 더 넓은 세상을 탐색해 볼 필요가 있다.
규칙성	행동 유형의 예측 가능성	높음	• 배변 훈련이 비교적 쉽다.	• 하루 일과가 자신의 생리적 리듬이나 매일의 일과와 맞지 않을 때 도와주어야 한다.

| 출처 | Kostelnik et al. (2009). Guiding children's social development and Learning(6th ed.). NY: Cengage Learning.

3) 주의집중력

주의집중력은 영유아가 성장과 발달하면서 적응 정도를 결정하는 중요한 변수이자 성장에 따른 적응력과 사회화를 이루어가는 데 꼭 필요한 능력으로 영유아기부터 발달시켜주어야 한다(김기예, 2009). 주의집중력이란 유입되는 자극을 조절하는 확산적 주의와 자극 유입의 수용을 할 때에 자극을 조절하는 선택적 주의를 구분함으로써 유기체가 특별한 자극입력에 반응하고 이 입력이 변용되는 중심처리과정이다(Silverman, 1964). 또는 수많은 자극과 정보 가운데 특정한 정보를 선택적으로 취사선택할 수 있고 특정 자극에 주의집중할 수 있는 정보처리 능력이다(Dember & Warm, 1979).

비록 영아의 주의집중력이 매우 낮은 수준이라 하더라도 흥미를 끄는 대상에 대해서는 상당한 주의집중력을 보이며, 주의집중력은 영아기를 지나면서 지각발달을 가능하게 하는 핵심 요인으로 성장과 더불어 주의 지속 시간이 길어질 뿐만 아니라 주의를 기울이는 대상도 선택적으로 변화한다(이소은, 2007). 예를 들어, 2세 유아는 행동계획을 세우고 그것에 따라 어떤 자극에 주의를 기울이고 무시해야 하는가를 알기 시작하고, 연령이 증가하면서 주의 통제력이 발달하면서 융통적, 적응적이 되며 더욱 계획적이 된다(Berk, 2011). 영유아의 주의집중력은 다음의 단계로 발달한다(김재은 · 이연섭 · 홍순정, 1998).

- 무조건적 정위 반응: 처음에는 다가오는 자극에 무조건적으로 반응하는 것이 주의의 첫 신호이다. 이러한 반응은 출생 후 1개월 사이에 나타나는데 이것은 일정의 '고정 반응' 이다. 고정 반응은 대상을 향해서 감각기관이 최적의 상태를 지향하며 감각기관의 민감성이 높아지는 것을 특징으로 한다. 예를 들면, 영아는 머리를 소리가 나는 쪽으로 돌리고, 시야에 밝은 대상이 들어오면 그 쪽을 향해 비교적 오랫동안 귀를 고정시켜서 우연히 손으로 무엇을 만지게 되면 그것을 꼭 눌러 짜듯이 해서 물건과 손의 접촉을 많이 갖는 특성을 보인다.
- 정위-탐색 반응: 영아와 주변 매체들과의 상호작용이 발달하는 정도에 따라 복잡한

형태의 주의집중력이 나타난다. 주변 환경과 광범위하게 친숙해지려고 노력하는 반응에서 이를 알 수 있는데, 영아는 감각기관의 방향을 조절한 후 느낌으로 대상을 탐색하기 시작한다.

- 성인과의 사회적 상호작용: 영아가 2~3개월이 되면 각성 반응을 시작한다. 성인은 처음에는 지시적 몸짓을 하고 그 다음에 언어를 통해서 영아의 주의를 끈다. 영아도 처음에는 직접 몸짓을 이용하게 되고 나중에는 언어를 이용하게 된다. 몸짓과 언어를 사용하며 영아는 주변 환경으로부터 대상을 분리시킬 수 있게 되고, 다른 사람의 주의를 끌 수도 있게 된다.
- 대상 관계: 연령이 높아짐에 따라 영아의 주의를 끄는 대상의 수가 증가하고 영아는 대상과 대상 간의 관계를 형성하게 된다. 즉 '이게 뭐야?' 라는 반응을 보이게 된다.
- 정위적 반사작용: 영아의 활동 대상이 복잡해지면 영아는 그 대상 자체로 관심을 되돌려서 새로운 행동으로 이끌어줄 관계와 가능성을 그 안에서 찾아내려고 한다. '이게 뭐지?' (동물의 단계)에서 '이것으로 무엇을 할 수 있을까?' (인간의 단계)로 발전해 간다.

이러한 주의집중력은 사회성이 발달하면서 나타나 주의집중력 문제를 보이는 유아의 50%가 만 4세 이전에 나타나며(이숙희, 2001), 남아가 여아보다 주의력이 떨어진다고 밝히고 있다(Ross & Ross, 1982). 또한 주의집중력이 낮은 영유아는 대처기술이 부족하고, 대인 관계와 사회적 적응을 잘 못하는 것으로 나타났다(Abikoff, 2002). 따라서 유아기의 사회성 발달과 더불어 주의집중력 발달은 주요한 과업이라고 할 수 있다.

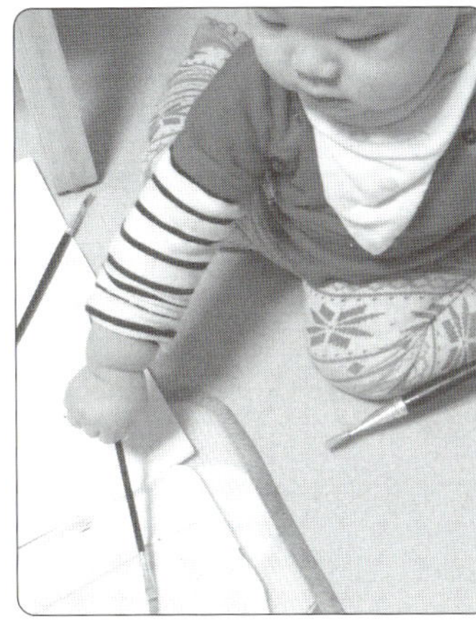

[출처] Disney Online Moms & Family Portfolio(http://blogs.babble.com/toddler-times/2012/08/22/7-ways-to-engage-encourage-your-toddlers-creativity/#make-it-a-pre-bath-bed-time-affair)

03 영유아 정서

연구자들은 에릭슨이 중요하게 생각했던 기능들-사회적 관계, 환경의 탐색, 자기발견-을 조직화하는 데 정서가 중요한 역할을 한다고 하였다. 모든 문화권의 사람들은 정서를 경험한다. 기쁨, 슬픔, 혐오, 분노, 놀람, 흥미, 두려움은 보편적인 정서이다.

램(Lamb, 1988)에 의하면 영아기의 정서에는 두 가지 목적이 있다. 첫째, 영아의 정서 표현은 영아의 상태를 다른 사람, 특히 양육자에게 알림으로써 양육자로 하여금 영아를 보살피게 하는 기능을 한다. 예를 들어, 영아의 미소는 양육자가 영아와의 상호작용을 더욱 더 지속하도록 해주는 반면, 영아의 불편한 표정은 양육자가 영아에게 무슨 문제가 있는 살펴보고 문제를 해결하도록 한다. 둘째, 영아기의 정서는 특정자극에 대해 특정한 행동을 하도록 하는 동기를 부여한다. 예를 들어, 분노는 공격 행동의 동기를 부여하고 공포는 회피 행동의 동기를 부여한다(Termine & Izard, 1988).

1) 기본 정서 발달

기본 정서들(basic emotions, 예 행복, 흥미, 놀람, 공포, 분노, 슬픔, 혐오)은 인간과 다른 영장류에게서 보편적이며, 생존을 촉진시키는 오랜 진화적 역사를 가지고 있고 얼굴 표정으로부터 직접적으로 추론될 수 있다(Berk, 2011). 영아들은 기본적인 정서를 표현할 수 있는 능력을 가지고 태어난다. 기본적인 정서는 기쁨, 분노, 슬픔과 두려움이며, 이러한 정서는 점차적으로 보다 분명해지고 조직화된 신호로 되어간다.

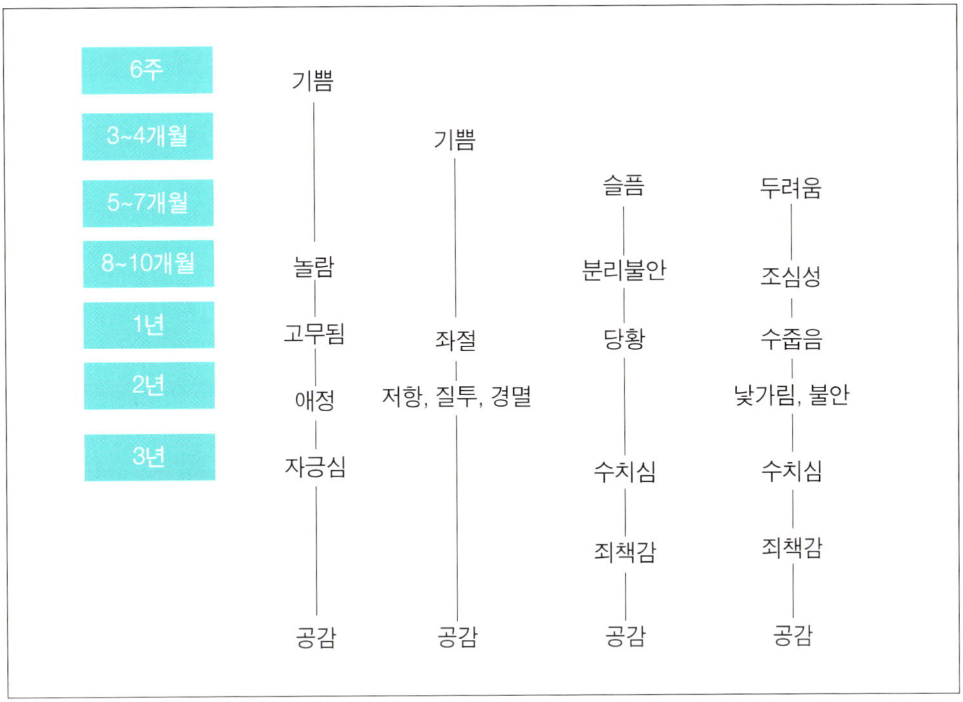

그림 1-1 생후 3년 동안 출현하는 영유아의 정서

| 출처 | Kostelnik et al. (2009). Guiding children's social development and Learning. NY: Cengage Learning.

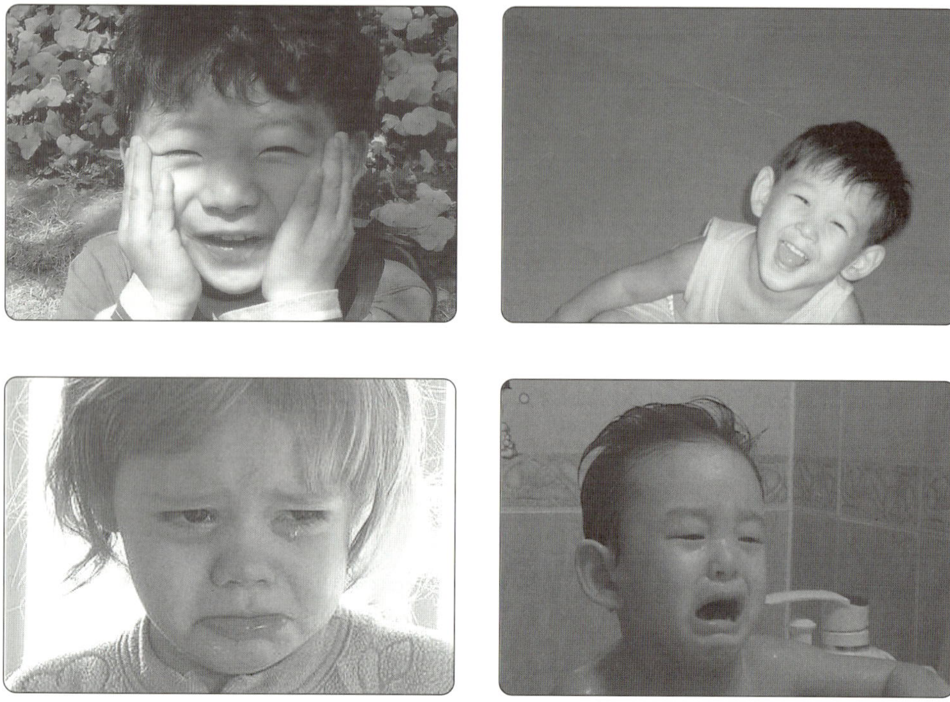

| 출처 | Correct Children Behavior(http://www.correctchildrenbehavior.com/286/children-behavior-know-precisely-your-son-or-daughter-for-much-better-bonding/)

2) 다른 사람의 정서를 이해하고 반응하기

영아의 정서 표현은 다른 사람들의 정서적 단서를 해석하는 능력과 관련되어 있으며, 영아가 발달함에 따라 점점 더 정교해진다. 영유아는 타인의 정서를 해석하고 이에 반응하기 위해 처음에는 분명한 신체적 단서에 주의를 기울이다가 점차 더 미묘한 맥락적 단서를 주의를 기울인다(송길연 · 이지연, 2008; Kostelnik et al., 2009). 예를 들면, 약 5개월경의 영아는 얼굴 표정을 조직화된 패턴으로 지각하고 목소리에 나타난 정서와 말하는 사람의 적절한 얼굴을 일치시킬 수 있다. 다른 사람의 의도를 알아차리고 공유된 주의집중을 형성할 수 있는 기술이 향상됨에 따라, 영아들은 정서 표현이 의미를 이해할 수 있을 뿐만 아니라 특정 대상이나 사건에 대한 의미를 이해할 수 있다. 3~5세

유아의 경우에는 타인의 긍정적 정서와 부정적 정서를 점점 더 정확하게 알게 된다. 다른 사람이 느끼는 정서를 파악하기 위해 이들은 대부분 얼굴 표정과 목소리 톤에 의존한다. 유아들은 상황적 맥락보다는 그 사람이 어떻게 보이고 목소리가 어떻게 들렸느냐에 더 많이 영향을 받는다.

3) 자아 의식적 정서의 출현

기본적인 정서 외에도 2세 후반부터 3세가 될 때까지, 영아들은 죄책감, 수치심, 당혹감, 시기심, 자부심 등과 같은 이차 혹은 복합정서(secondery or complex emotions)를 표현하기 시작한다. 이 정서들 각각은 우리가 가지고 있는 자아감의 손상이 자아감의 증대를 포함하고 있기 때문에 자아 의식적 정서(self-conscious emotions)라고 불린다. 자아 의식적 정서는 생후 18~24개월쯤 나타나는데, 이때 아이는 자신이 구별되는 독특한 개인임을 확실하게 알아차리게 된다(Berk, 2011). 영유아들은 눈을 내리깔고, 머리를 떨어뜨리고, 얼굴을 손으로 가리는 것으로 수치심과 당혹감을 표시한다.

|출처| Tatum Bunch (3) of Surprise is the granddaughter of Lynn M. Bunch.
(http://rakarchives.wordpress.com/2011/10/01/interpreting-your-childs-emotional-responses/)

4) 정서적 자기 조절의 시작

정서적 자기 조절(emotional self-regulation)은 목적을 달성하기 위하여 정서 상태를 편안한 강도 수준으로 조정하는 것이다. 적절한 정서 조절은 자신의 감정, 감정들과 연합된 생리학적 반응, 정서와 관련 인지(예 그 정서를 유발한 상황이 어떻게 해석되어야 하는지에 대한 생각), 그리고 정서와 관련된 행동(예 얼굴 표정)을 관리하는 능력이다(송길연 · 이지연 역, 2008). 정서적 자기 조절은 자발적이고 노력이 요구되는 정서 관리를 필요로 한다. 영아기 정서 정도의 개인차는 분명히 존재하며, 이는 초기 아동기까지의 적응에 결정적인 역할을 한다. 생후 첫 2년 동안에 정서 조절을 성공적으로 시작하는 것은 인지적 기술과 사회적 기술의 자율성과 숙달에 큰 도움이 된다(Kail, 2007). 성장하면서 다양한 종류의 감정을 일으키는 상황에 직면하는데 이에 따라 감정을 조절하는 기술도 발달한다(Kostelnik et al., 2009).

- 특정 정서 표현하지 않기: 윤재는 이긴 친구를 축하해 줄 때에 자신이 이기지 못한 실망감을 표현하지 않는다.
- 자기 자신 달래주기: 시연은 컴컴한 지하실에 들어가면서 혼잣말을 한다. 승기는 피곤하거나 슬플 때는 곰 인형을 가지고 다닌다.
- 다른 사람으로부터 위로 받기: 다른 아이가 장난감을 빼앗자 지호는 교사의 무릎 위로 올라가 앉는다.
- 정서적으로 각성시키는 사건을 회피하거나 무시하기: 하준이는 영화를 볼 때에 무서운 부분이 나오면 손으로 눈을 가린다.

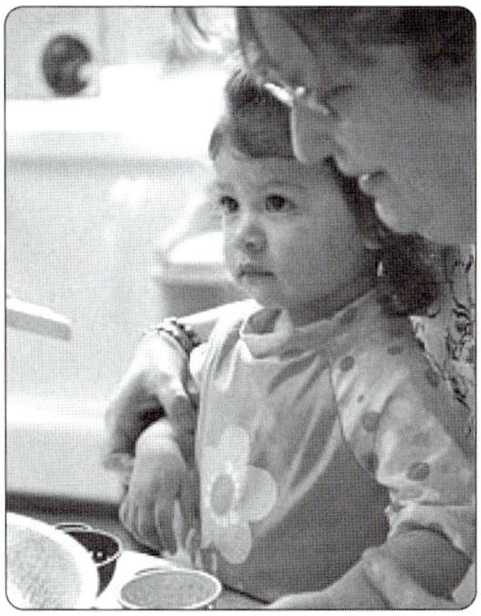

| 출처 | http://www.communityplaythings.com/products/areas/grossmotor.html

04 영유아 자아

1) 자아 인식

(1) 자아 인식의 시작

출생 시에 영아는 자신이 다른 외부와 물리적으로 분리되어 있다는 것을 느낀다. 신생아들의 감각 간 지각은 자아 인식의 시작을 돕는다(Rochat & Striano, 1999). 자신의 접촉을 느낄 때, 자신의 팔다리의 움직임을 느끼고 바라볼 때, 그리고 자기 자신의 울음소리를 느끼고 들을 때, 아기들은 감각 조화를 경험하고 자기 자신의 신체를 주변 사람이나 사물들과 구분한다.

시간이 흐르고 수많은 상호작용을 거치면서 이러한 인식은 자신이 다른 사람과 다르다는 것을 이해하는 방향으로 점점 더 심화된다(Laible & Thompson, 2007). 이에 따라 자아 인식은 인지적 성숙, 사회적 경험, 언어의 발달을 통해서 아주 구체적인 것에서 점점 더 추상적인 인식으로 발달해 나간다.

자아 인식의 첫 단계는 자율성의 형성이다. 즉, 자기가 독립적으로 행동할 수 있고 다른 사람이 사물에 독자적으로 영향을 미칠 수 있음을 깨닫는 것이다. 특히 이 시기는 모든 유아의 자아감 형성과 독립심 형성에 양육환경이 얼마나 중요한지와 반응적이고 민감한 양육자가 얼마나 중요한지를 강조하고 있다. 에릭슨(Erikson)은 반응적인 초기 양육에 근거하여 기본적인 신뢰감 형성이 되며, 이는 유아기에 유아들이 거부에 대한 두려움 없이 독립을 주장하도록 하고 환경에 대한 통제력을 발휘하는 자신의 능력에 대한 유능감을 느끼도록 한다고 하였다(조복희 · 정옥분 · 유가효, 2004).

(2) 자아인지

걸음마 유아들은 자기의 신체적 모습을 의식적으로 지각하게 된다. 거울에서 자신의 이미지를 보면서 엉뚱한 혹은 수줍어하는 행동을 하거나 즐거운 행동을 한다. 또한 이 시기의 유아는 다른 유아의 사진보다 자신의 사진을 더 많이 들여다보고 이름이나 자신만을 위한 대명사, 예를 들면, '나' 또는 자신의 이름으로 자신을 지칭한다. 때때로 자신의 나이나 성을 알기도 한다. 이러한 변화는 2세까지 대부분의 유아에게서 자아지각이 잘 성립된다는 것을 보여준다(Lewis & Ramsey, 2004; Pinquart, 2005).

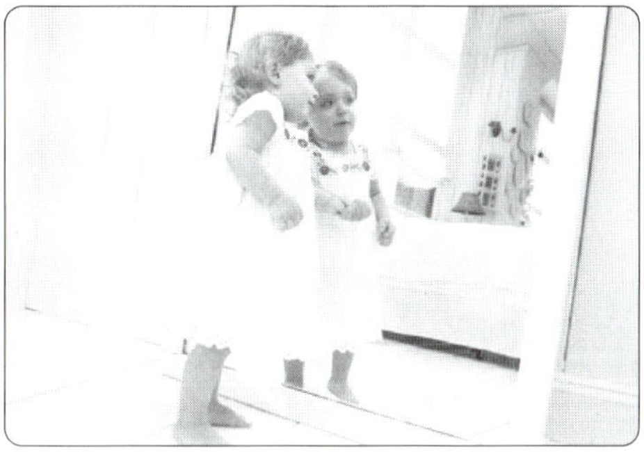

| 출처 | http://bps research digest.blogspot.kr/2010/10/cross-cultural-reflections-on-mirror.html

2) 자아 개념

자기 인식이 외부환경에서 다른 사람들과 구분되는 자아를 이해를 하는 것이라면, 자아 개념은 유아가 자신을 나타내며 다른 사람들과 자신을 구분 짓는 속성, 능력, 행동, 태도, 가치 등을 조합하여 자신을 정의하는 방식이다(Shaffer, 2005). 유아의 인지적인 사고가 변화하면서 '나는 누구인가?' 라는 개념이 인지적으로, 사회적으로 구성되기 때문에 유아는 자신을 더 복잡한 존재로 보고 정의하게 된다(Harter, 2006). 이러한 구분은 점진적으로 나타나서 초기 아동기에서 성인기까지 계속해서 변화한다.

대략 18개월이 되면 영유아는 자신과 타인을 분명히 구분하게 되며, 이러한 자기의 이해는 영유아가 자신을 이름을 부르거나 말로 기술할 수 있을 때에 나타난다(Thompson, 2006). 자신이 다른 사람과 다르다는 것을 아는 영유아는 좋아하는 물건을 갖기 위해서 "내거야!"라고 말하거나 거울이나 사진 속에서 자신의 이미지를 보면서 "나."라고 말하게 된다. 영유아의 언어 능력이 발달함에 따라 영유아가 자신을 범주화해서 기술하기 시작한다.

3) 자기 범주화

언어가 발달해 가면서, 유아는 자기를 보다 분명하게 묘사하고, 자기감정을 정확히 표현함으로써 자기의 인식을 점점 더 향상시킨다. 18~30개월 사이의 영유아들은 범주적 자기(categorical self)를 발달시키는데, 연령(아기, 소년 혹은 남자), 성별(여자, 남자), 신체적 특징(큰, 작은, 힘이 센), 선한 것 대 악한 것(나는 착한 아이야, 하준이는 나빠)의 기준에서 자신과 다른 사람들을 범주화한다(Stipek, Gralinski, & Kopp, 1990). 걸음마기 유아는 이러한 사회적 범주에 대해 자기가 제한적으로 이해하고 있는 것을 활용하여 자신의 행동을 조직화한다. 예를 들어, 자신의 성별을 명명할 수 있는 영유아는 성 정형화된 놀이를 하는데, 여아는 소꿉놀이를, 남아는 트럭과 자동차 등의 놀이를 한다.

|출처| http://www.communityplaythings.com/products/dramaticplay/index.html

4) 자아존중감

영유아는 자신에 대해 알게 되면서 자신에 대해 평가하기 시작한다. 자신의 기대하는 기준에 비추어 자아평가 결과가 긍정적일 때에 영유아는 자아존중감과 긍정적 자아 개념을 갖게 되며, 그렇지 못할 경우에는 부정적인 자아 개념을 갖게 되고 심하면 무력감에 빠져들게 된다.

영유아는 타인의 언어와 행동을 통해 자신의 전반적인 가치에 대해 전달하는 정보로 자신을 지각하며, 다음과 같이 내면화된 기준이나 기대와 비교하여 판단한다(Harter, 2006).

긍정적 자아 개념의 예	부정적인 자아 개념의 예
• 나는 예뻐	• 나는 별로 예쁘지 않아
• 사람들은 나를 좋아해	• 사람들은 나를 별로 좋아하지 않아
• 나는 똑똑해	• 나는 별로 똑똑하지 않아
• 나는 무엇이든 잘할 수 있어	• 나는 잘할 수 있는 것이 별로 없어
• 나는 민첩해	• 나는 둔해
• 나는 날 좋아해	• 나는 내가 싫어

영유아의 자아존중감은 만 2세경부터 나타나는 자조기술(self-help skills)의 발달과 더불어 시작된다(곽노의 외, 2007). 밥 먹기, 옷 입기, 세수하기, 대 · 소변 가리기 등의 발달과업을 수행하면서 영유아는 자신의 기본인 능력에 대해 자신감을 갖게 되며, 이러한 자신감은 자아존중감의 기초가 된다. 자아존중감이 높은 유아는 사교적이며, 개방적이며, 자기 주장적이고 자신을 유능하다고 생각한다(Leary & McDonald, 2003). 반면 낮은 자아존중감은 우울, 불안, 자살, 폭력적인 생각, 공격성, 반사회적 행동과 관련이 있었다(Harter, 2006; Leary & McDonald, 2003).

5 영유아 사회성

1) 친사회성

친사회적 행동은 사회적 능력의 중요한 지표로 고려되어져 왔다(Ladd & Profilet, 1996). 친사회적 행동(prosocial behavior)이란 타인을 이롭게 하는 행동이며, 자신보다 행운이 적은 누군가와 공유하고, 곤경에 처한 삶을 위로하거나 구해주고, 누군가와 협동하는 목적을 달성하도록 돕고, 누군가의 외모나 성취에 대해 칭찬해서 기분 좋게 만드는 것과 같은 행동들이다(Shaffer, 2005).

걸음마기와 유아기 유아는 점진적으로 타인의 요구를 이해하고 적절한 이타적인 반응에 대해 배우게 된다(van der Mark, van Ijzendom, & Bakermans-Kranenburg, 2002). 예를 들어, 3세인 시연이는 가장 좋아하는 인형을 떨어뜨리고 울고 있는 어린 동생에게 "울지 마!" 하면서 인형을 주거나 어린 동생의 울음을 그치게 하기 위해 자신이 가장 아끼는 장난감을 주었다. 어린 유아는 자신이 할 수 있는 것이 적다는 것을 알고 있기 때문에 어린 유아의 이타주의적인 행동은 제한적이다.

유아의 이타심에는 곤경에 처한 사람에 대한 감정이입적 또는 동정적 정서가 작용하고, 수혜자가 자신과 가까운 사이일 때에는 더욱 더 증가한다(이옥경, 2002; Clark, Powell, Ovellette, & Milberg, 1987). 어린 영유아도 다양한 환경에서 여러 가지 친사회적 반응을 보이지만, 좀 더 큰 아동이 곤경에 처한 사람을 위로하고 또 관심을 갖는 행동과 광범위한 친사회적 행동을 보인다(Eisenberg, Fabes, & Spinrad, 2006). 예를 들어, 영유아의 친사회적 행동을 관찰한 연구 결과들을 종합한 아이젠버그(Eisenberg, 1988)의 연구 결과에 의하면, 6개월된 영아는 고통상태에 있는 또래에 대하여 감정이입적 반응과 도와주려는 시도를 보이지 않지만(Hay, Pederson, & Nash, 1982), 12개월

된 영아는 종종 다른 사람의 고통에 대하여 동요된 반응을 보였다(Radke-Yarrow & Zahn-Waxler, 1984). 생후 2년이 되면 다른 사람의 고통에 대해 감정적 반응을 보일 뿐만 아니라 고통상태의 타인을 위로하기 시작하여 다른 사람 작업이나 일을 돕고, 물건을 나눠주었다(Hoffman, 1984; Radke-Yarrow & Zahn-Waxler, 1984).

친사회적 행동을 하는 것의 이점은 다음과 같다(Kostelnik et al., 2009).

- 만족감을 얻는다.
- 유능함이 무엇인지 인식한다.
- 자신을 능력 있고 가치 있는 사람으로 지각하는 건강한 자아상을 갖게 된다.
- 다른 사람과의 사회적 관계를 맺게 해준다.
- 또래 사이에 인기가 높아진다.
- 도움을 받거나 협동을 할 기회가 늘어난다.
- 긍정적인 집단 분위기를 만든다.
- 학업성취를 높인다.

2) 감정이입

감정이입은 다른 사람이 느끼고 있는 감정을 그대로 느끼는 것을 의미하는데, 즉 상대방이 슬퍼하면 자기도 슬프고, 상대방이 행복해하면 자기도 행복하게 느끼는 것을 말한다. 호프만(Hoffman, 1984)은 감정이입의 발달을 4단계로 제시하였다(정옥분, 2012 재인용).

- 1단계(0~1세): 영아는 자신과 다른 사람의 존재를 구분하지 못한다. 따라서 다른 사람의 고통을 자기 자신의 불유쾌한 감정과 혼동한다.
- 2단계(1~2세): 인간영속성(person permanence)의 개념을 획득하는 단계로, 자신이 아니라 다른 사람이 고통을 당하고 있다는 것을 이해한다. 그러나 그 고통에 대한

반응으로 그 사람이 자신과 다른 감정이 있다는 것을 이해하지 못하기 때문에 영아는 다른 사람의 고통에 부적절하게 반응한다.

- 3단계(2~3세): 영유아는 다른 사람이 자신과는 다른 감정을 가질 수 있다는 것을 깨닫고, 이제 다른 사람의 고통의 원인을 찾아 해결하려고 한다. 그러나 이 단계에서는 고통 받는 사람의 존재가 자기 눈앞에 보일 때에만 감정이입이 가능하다.
- 4단계(아동기): 다른 사람이 고통 받는 것을 직접 눈으로 보지 않더라도 상상하는 것만으로 감정이입이 가능하다. 즉, 이때의 감정이입은 아동이 직접 관찰한 곤경에 처한 특정인에 국한되는 것이 아니고, 가난한 사람, 장애인, 사회적으로 버림받는 사람 등으로 이어진다.

| 출처 | http://startempathy.org/blog/2012/11/teaching-kids-about-empathy

| 출처 | http://www.ehow.com/how_7732070_use-puppets-emotional-social-skills.html

3) 또래 관계

많은 영유아들이 하루 대부분의 시간을 보육시설에서 보내면서 또래 상호작용을 경험하게 된다. 또래는 일반적으로 같은 연령의 친구이며(Santrock, 2006), 영유아의 사회화에 있어 중요한 기능을 한다. 영아가 또래와 상호작용하는 경험은 어머니나 교사 등의 성인과 맺는 관계와는 다른 새로운 관계를 또래들과 맺게 하며 이들과 환경을 탐색하는 행동을 하도록 고무시켜 줌으로써 능동적인 존재가 된다.

영아의 또래에 대한 관심은 생후 6개월에도 나타나는데, 이때 영아는 또래의 정서를 이해하고 반응하는 양상을 보이며 상대방의 행동에 대해 수용이나 비수용의 반응을 보인다(Hay, Pederson, & Nash, 1982). 영유아의 사회성은 만져보고 미소 짓고 옹알이를 하면서 개인적으로 양육자와 영유아가 따뜻하고 민감한 유대를 이루는 동안 2세쯤이면 여러 명이 상호작용할 수 있는 단계로 발달한다(Vandell & Muller, 1995). 또래 관계는 영아가 사회적 상호작용에 반응하고 걷고 말하기 시작하면서 급격하게 발달하기 시작한다.

표 ❶-4 영아기의 또래 관계

개월	영유아 반응	
0~2개월	• 또래가 울면 따라 운다.	• 친숙한 영아를 뚫어지게 쳐다본다.
2~6개월	• 서로 만져보기	
6~9개월	• 미소 짓기 • 목소리 내기	• 접근하기와 따라가기 • 쳐다보기
9~12개월	• 놀이감 주고받기	• 쫒아가기, 까꿍놀이, 손 흔들기와 같은 간단한 게임하기
12~15개월	• 소리를 서로 주고받기 • 놀이감에 대한 갈등	• 사회적 모방 • 영아집단에서 무리 짓기가 일어날 수 있음
15~24개월	• 초기 단어가 나타남 • 타인 모방하기	• 술래잡기나 주고받기와 같은 상호적 역할을 함 • 타인이 자신을 모방하는 것을 앎
24~36개월	• 놀이에 대하여 대화하기	• 폭넓은 놀이가 나타남

|출처| Kostelnik et al. (2009). Guiding children's social development and Learning. NY: Cengage Learning.

또래는 영유아의 사회화에 있어 중요한 기능을 한다. 또래 관계를 통해 영유아는 자신과 타인에 대한 이해를 발달시키며, 사회적 구조에서 자신이 어디에 속하는지의 사회적 정체감을 습득한다(Harter, 2006). 또래와 함께 영유아는 다양한 역할을 시도해 보고 어떤 사회적 행동은 해도 되고 어떤 것은 하면 안 되는지를 배운다(Gest, Graham-Bermann, & Hartup, 2001). 또한 영유아는 또래의 반응을 통해 자신의 정서와 행동을 조절하는 것의 중요성을 배운다. 정서와 행동을 조절을 잘 하는 영유아일수록 또래에게 인기가 있으면 리더가 되는 경향이 있다(Rubin, Bukowaski, & Parker, 2006).

4) 공격성

사회성이 발달하면서 긍정적인 행동뿐만 아니라 깨물기와 머리 잡아당기기 등의 부정적이고 공격적인 행동도 함께 증가한다(Vandell & Muller, 1995). 공격성은 사람이나 동물을 신체적으로, 정서적으로 상처를 주거나 재산상의 피해나 파괴를 이끄는 반사회적 행동이며 언어적으로나 신체적으로 나타난다(Dodge, Coie, & Lynam, 2006). 공격적인 행동으로는 움켜잡기, 꼬집기, 깨물기, 발로 차기, 침 뱉기, 모욕주기, 윽박지르기, 욕하기, 물건 던지기, 파괴하기, 놀리기 등이 있다. 레버와 스타우싸머-레버(Loeber & Stouthamer-Loeber, 1998)는 영아기에 공격성이 미미한 형태로 시작하며, 보다 구체적으로는 17개월 영아의 20%가 신체적으로 타인을 공격하는 행동을 보인다고 하였다.

공격성의 유형은 다음과 같이 구분된다(Kostelnik et al., 2009; Shaffer, 2005).

- **우연적 공격성**: 유아는 놀이를 하면서 종종 아무 생각 없이 타인에게 해를 입힐 수 있다. 이러한 행동을 우연한 공격성이라고 한다. 예를 들어, 친구의 손을 밟는 것, 놀이를 하다가 너무 세게 밀치는 것 등이다.
- **표현적 공격성**: 표현적 공격성은 공격자에게는 즐거운 감각적 경험이 되는데, 의도

하지 않았지만 다른 사람을 다치게 하거나 다른 사람의 권리를 방해하는 신체적 행동을 통해 즐거움을 얻는 것이다. 예를 들어, 하준이가 자동차들을 일렬로 모았을 때에 윤재가 건드려서 망가뜨렸다면 자신의 일격에 만족해하거나, 시연이가 머리를 잡아당기는 게 좋아서 웃으면서 수빈이의 머리를 잡아당기는 것이다. 표현적 공격성은 공격자의 분노, 좌절, 적대적 감정이 없는 것이 특징이며, 누군가에게 의도하지 않은 불행을 주는 것에서 비롯된 재미있고 탐색적인 신체적 행동이다.

- 도구적 공격성: 유아는 자신이 원하는 것을 얻고 어떤 것을 지키기 위해 의도하지는 않았지만 누군가에게 해를 미치게 될 경우에, 이를 도구적 공격성이라고 한다. 예를 들어, 사탕을 빼앗다가 놀이친구를 쳐서 넘어지게 하는 것이다.
- 적대적 공격성: 만약 행위자의 주요목표가 피해자를 해치거나 상처를 입히는 것이다. 즉, 남에게 상처를 주는 말이나 행동은 이전에 받았던 모욕이나 상처에 대해 보복을 하는 것이나 원하는 것을 얻기 위해 행하는 고의적인 공격이다. 예를 들어, 신체적 · 심리적 혹은 일이나 소유물을 파괴하는 것이다.

공격성의 원인은 다양하고 복잡하기는 하나, 연령에 따라 공격성이 표출되는 형태가 다르다. 예를 들어, 걸음마기 시기의 어린 유아는 자신이 원하는 것을 얻기 위해 흔히 신체적 힘을 사용하고, 좀 더 큰 유아는 언어적인 방법을 사용한다. 또한 어린 유아는 도구적 공격성을 더 자주 사용하고, 적대적인 공격성은 아동기에 주로 나타나는 경향이 있다. 실제로 도구적 공격성은 유아기에 많이 나타나는데 대부분은 장난감과 또래에게 공격적 행동을 보이게 된다. 그러나 30개월 정도에 절정을 이루다가 점차 감소한다(Garbarino, 2006).

영유아의 공격성은 나이가 들수록 증가하는지 아니면 감소하는지를 판단하기는 쉽지 않으나, 커밍, 이아노티와 잔 왁슬러(Cumming, Iannotti, & Zahn-Waxler, 1989)와 하트업(Hartup, 1974)은 연령에 따른 공격적 행동의 원인과 결과를 분석하여 다음과 같이 제시하였다(정옥분, 2006).

- 이유 없이 떼쓰기는 영유아기에 점차 감소하다가 4세 이후에는 거의 나타나지 않는다.
- 공격이나 좌절에 대한 반응으로 보복하는 경향은 3세 이후에 크게 증가한다.
- 공격적 행동을 유발하는 주된 원인은 연령에 따라 다르다. 즉 2~3세경에는 부모에게 혼이 나서, 화가 났을 때 가장 공격적이지만, 그보다 나이가 많은 유아들의 경우에는 형제 · 자매나 또래 간에 갈등이 있을 경우에 훨씬 더 공격적이다.
- 공격의 형태도 나이가 들면서 변한다. 2~3세경의 영유아는 상대방을 때리거나 발로 차는 경향이 있다. 이들 간의 싸움은 주로 장난감이나 소유물에 대한 것이 원인으로 도구적 공격성의 성격을 띠고 있다. 그러나 유치원생과 초등학교 저학년 아동의 경우는 신체적 공격은 점점 덜 하는 대신 놀리고, 조롱하며, 고자질하고, 욕하는 등의 행동이 증가한다. 또한 물건들을 차지하려고 다투기도 하지만 상대방에게 상해를 가하려는 적대적 공격성의 비율도 증가한다.

표 ❶-5 영유아 사회정서발달 이정표

개월	영유아 사회정서발달 특성
12~24개월	• 친숙한 어른과 형제들과 함께 놀 수 있다. • 간단한 명령에 따른다. • 거울에서 자신의 이미지를 인식한다. • 자아를 인식하는 능력이 발달한다. • 공감의 표시를 보여준다. • 감정이 자주 변해 스스로 하기를 원하기도 하고, 어른에게 의존하여 도움을 원하는 상반적인 태도를 보인다. • 양육자의 얼굴 표정과 상황단서를 허용하여 정서를 이해한다. • 자신의 성에 대한 개념이 형성된다. • 자신을 이해한다. • "내가", "나는"이란 말을 자기 이름보다 더 많이 사용한다. • 신체적 발달과 함께 자율성이 생기면서 스스로 이동하고 주변을 탐색하고 관계를 형성하는 능력이 생긴다. • 무엇이든 스스로 하기를 좋아한다. • 소유 개념이 발달하기 시작한다. • 기본적인 정서(예 행복, 혐오, 놀람, 슬픔, 분노, 공포)가 형성된다. • 다른 사람들과 협력한다. • 또래들과 어울리면, 자신이 관심을 받기 위해 또래들과 경쟁을 시작한다. • 자기의 감정을 더 과장해서 표현할 수 있다. • 원하는 대로 되지 않으면 쉽게 좌절한다. • 칭찬해 주면 좋아하며 우쭐한다. • 자기가 하고 싶은 것을 할 수 없을 때 혹은 가지고 싶은 것을 얻을 수 없을 때 참지 못하고 감정을 폭발시켜 성질내고 떼를 쓴다. • 다른 또래 영유아들과 장난감이나 물건에 대한 다툼이 벌어질 때 그것을 차지하려고 신체적인 공격을 한다. • 다른 또래 영유아가 (실수든 고의든 자기를 다치게 만들었거나 자기가 만든 장난감을 망쳐서) 자기를 화나게 하면 저항하고 공격적인 보복을 한다.
24~36개월	• 기본적인 정서 외에 놀람, 의기양양, 좌절, 분리불안, 낯가림 등의 복합적인 정서 반응을 보인다. • 자의식적 정서(예 수치감, 당황, 죄의식, 자존심)가 출현한다. • 새로운 일을 맡았을 때 자부심을 갖는다. • 정서적 자기 조절을 도와주기 위해 언어를 사용하기 시작한다.

개월	영유아 사회정서발달 특성
24~36개월 (계속)	• 감정을 표현하는 어휘를 습득한다. • 친숙한 환경에서 엄마와 쉽게 떨어진다. • 독립성을 보인다. • 양육자의 부재를 더욱 더 잘 참기 시작한다. • 자신을 지칭하기 위해 이름이나 인칭대명사를 사용한다. • 자신과 다른 사람들을 연령, 신체 특징, 좋고 나쁨을 근거로 범주화한다. • 성 유형에 맞는 장난감 선호를 보인다. • 간단한 규칙을 지키고 존중하기 시작한다. • 자기 조절이 나타난다. • 자신을 통제하는 능력이 생기면서 자신감과 자아존중감이 발달하고 감정이입 능력도 생긴다. • 감정이입 능력이 생기면서 친사회적 행동도 나타난다. • 예의상 다른 사람 앞에서 기분 나쁜 표정을 짓지 않고 기분 좋은 표정을 짓는다. • 감정이입을 통해 타인의 반응을 이용하여 자신의 감정을 조절하기도 한다. • 자아(the self)를 인식하게 된다. • 범주적 자아가 나타난다. • 자기의 이름, 성별, 나이를 말한다. • 상호작용의 범위가 확대되어 또래와의 상호작용을 통해 사회적 상호작용의 기술을 발달하게 된다. • 사회적 상호작용에 지속적인 관심을 보인다. • 사람들과 함께 어울려 있으려고 한다. • 이 시기에 이루어지는 사회적 행동으로는 낯가림, 모방, 친사회적 행동, 애착 행동, 의존성, 권위의 수용, 경쟁심, 관심 끌기 등이 있다. • 칭찬을 받으려고 노력한다. • 순서대로 차례를 기다릴 수 있다. • 다른 사람에게 화가 났을 때 언어적인 공격을 한다. • 자기를 화나게 하는 사람을 신체적으로 공격하기보다는 말로써 자기 의사를 표현한다.

출처 곽금주 외(2005). 한국영아발달연구. pp. 329-475; 김호인(2010). 2세 영아의 사회정서발달평가 척도 개발. pp. 8-15; 이옥경 외(2011). 생애발달 I: 영유아기에서 아동기까지. p. 271.

Chapter 2

영유아 사회정서행동 진단평가

01_영유아 사회정서행동 척도 개발 및 타당화 연구

02_영유아 사회정서행동 진단평가 척도 개발 및 타당화를 위한 연구 방법과 절차

03_연구 결과 및 해석

04_논의 및 결론

1 영유아 사회정서행동 척도 개발 및 타당화 연구*

1) 영유아 사회정서행동 진단평가 척도

(1) 영유아 사회정서행동

영유아기는 전 인간발달 과정에 있어서 가장 빠르게 변화하고 발달하는 시기이며, 이후 발달의 기초가 되는 중요한 시기이다. 영유아는 부모나 형제, 또래, 교사 등과 상호작용을 하면서 자신의 감정을 표현하는 방법을 배우게 되며, 습득한 정서적 경험을 통해 대인 관계를 원활히 맺는 법을 익히게 된다.

영유아기 초기에 경험하는 다양한 자극과 적절한 애정과 상호작용은 사회정서발달의 기초가 되는 감정이입 및 자아 개념과 사회적 기술과 관계를 형성하도록 도와준다. 영유아의 사회정서발달은 특히 향후의 행동들 즉, 또래놀이에서의 감정 표현, 유아교육기관과 학교에서의 적응, 부모와 다른 성인과의 애착 등을 결정하는 데 중요한 역할을 한다.

일반적으로 사회정서행동이란 다양한 차원의 사회 및 정서적 상황을 효율적으로 이해하고, 각 상황에 대하여 사회적으로 수용되는 적합한 표현 양식을 통해 적절히 대처할 수 있는 포괄적인 행동을 의미한다(Elias et al., 1997). 사회정서 능력이 뛰어난 사람들은 삶에서 만나게 되는 어려움에 효과적으로 대처하여 문제를 해결하고, 자신과 타인의 정서를 이해하여 적절한 방식으로 반응함으로써 타인과의 긍정적이고 원만한 사회적 관계를 형성하고 유지할 수 있다(이경옥 · 여은진, 2006; 이기영, 2006).

그러나 영유아기의 사회정서적 과정과 행동은 서로 너무나도 밀접하게 얽혀 있기 때

* 심숙영(2012), 「영유아 사회정서행동 척도 개발 및 타당화 연구」, 『아동과 권리』 16(4), pp. 761-786. 발췌 정리.

문에 유아의 반응을 사회적 혹은 정서적이란 어떤 범주로 구분하는 것은 매우 어렵거나 불가능하다(정미숙, 2007). 스콰이어스와 브리커(Squire & Bricker, 2007)는 정서적 행동은 대부분 내면적인(생리적인 반응)이라는 점, 사회정서적 반응은 다양하고 변이성이 있다는 점, 정서와 사회적 행동은 서로 분리가 불가능하고 인지와 언어 영역과 연관되어 발생한다는 점, 사회정서행동은 가족과 문화적 상황이 고려되어야 한다는 점 등에서 영유아의 사회정서행동을 정의하기가 어렵다고 하였다. 이러한 영유아 사회정서적 발달 특성을 고려하여 나양균 · 이영환 · 한지현(2006)은 영유아의 사회정서 능력은 영유아가 자신의 감정을 조절하고 타인을 이해하며 타인과 조화로운 관계를 형성하고 유지할 수 있는 능력과 그들의 환경에 대한 심리적 적응의 결과라고 조작적 정의를 내렸다.

(2) 영유아 사회정서행동 진단평가 척도의 필요성

1990년대 이후 영유아의 사회정서적 능력에 대해 많은 관심이 모아져 왔다(Osofasky & Fitzgerald, 2000; Zeanah, 2000). 이는 영유아의 건강한 사회정서발달이 정신건강과 아주 밀접하기 때문이다. 즉 생후 3년 내의 영유아들이 정서를 경험하고, 조절하고 표현하는 것, 친밀하고 안전한 대인 관계를 형성하는 것, 가족, 지역사회, 영유아에 대한 문화적 기대 등 환경을 탐색하고 배우는 것이 정신건강을 의미하기 때문이다(ZERO TO THREE, 1995).

영유아기의 사회정서 발달적 위기 요인을 밝히고 심각한 문제로 굳어지기 전에 사회정서 발달적 위기 요인들을 감소시키는 것이 중요하다. 이는 영유아기의 사회정서적 발달과정을 통해 유아들의 정신건강 문제 요인을 조기에 발견할 수 있고(장미경, 2005; Tomlin & Viehweg, 2003), 유아기 사회정서적 문제행동 즉, 주의력 결핍, 과잉 행동, 적대적 반항 등이 이후 청소년기에 학업중지, 약물중독, 학교폭력 등을 줄일 수 있기 때문이다(김은정, 2007; 방명애 · 이효신 역, 2007; 변보기, 2008; Squire & Bricker, 2007).

또한 최근 연구보고(안동현, 2012)에 의하면 아동의 정신 및 행동적 문제행동은 일반 아동인구의 14~22%에 이르며, 일생에 걸쳐 부정적인 영향을 미치고, 아동 개인은 물론 가정과 사회에도 심각한 악영향을 미친다. 이러한 맥락에 볼 때에 영유아기에 건강한 사회정서발달을 강화시키는 것이 평생 동안의 정신적 웰니스를 지원하는 것이라고 할 수 있다(Cooper, Masi, & Vick, 2009; Miles et al., 2010).

교육과학기술부가 2007년도부터 '학생정신건강관리사업'으로 고위험군이나 질환군으로 분류할 수 있는 학생들을 선별하고 진단평가하여 정신보건센터 등의 외부기관에 의뢰하여 학생들의 정신건강 문제에 대처하는 사업을 시행하고 있으며, 2012년부터는 초등학교로 확대하여 실시하고 있다. 그러나 정서행동 문제 심층사정평가 사업에는 취학 전 아동들은 제외되므로 영유아 시기에 사회정서행동으로 나타나는 정신건강 문제에 대해서 여전히 간과하고 있다. 또한 유아 및 가족들과 관계된 사람들, 보육교사, 시설장, 간호사, 사회복지사 등은 유아 및 가족이 갖는 사회정서적 요구나 영유아의 사회정서행동을 충분히 이해하지 못한다(Eggbeer, Mann, & Gilkerson, 2003). 이러한 이해나 인식의 부족은 영유아 발달 초기에 나타난 증상들을 발견하지 못하거나 간과(하게 하고)되고, 작은 사회정서적 문제가 심각한 문제나 행동(또래집단에서의 부적응, 폭력, 자살, 인터넷 게임중독, 성 일탈 행동 등)으로 확대되기도 한다(안동현, 2012; Squire & Bricker, 2007). 특히 영유아와 양육자, 부모나 교사는 영유아들에게 안전, 영양, 반응적인 환경을 제공하며 영유아와 애착과 상호작용하는 데 결정적인 영향을 미치기 때문에 영유아 사회정서발달에 대한 부모와 교사의 이해와 인식이 무엇보다 중요하다(Miles et al., 2010).

경제적 빈곤의 증가(심화), 급격한 이혼율 증가 등에 따른 가족해체, 한부모 가정, 조부모 가정 등의 증가로 인해 자녀양육이 어려워지고 있다. 자녀양육에 적합하지 않은 환경 안에서 살고 있는 영유아들은 사회적 · 정서적으로 심각한 어려움을 겪고 있으며, 정신건강 문제를 보이고 있다(Squire & Bricker, 2007). 예를 들어, 영유아기의 사회정서적 문제행동은 일반 가정보다 경제적으로 어려운 가정에서 더 높은 발생률을 보이고 있는데(Qi & Kaiser, 2003), 특히 주의집중 결핍, 분리불안, 공포, 적대적 반항 등의 내면화와 외면화 문제행동이 더 두드러지게 나타났다(방명애 · 이효신 역, 2007). 또한 어머니의 정신건강이나 가족폭력, 자녀와 애착 등의 요인은 유아의 정신건강이나 사회정서행동에 영향을 미친다(안동현, 2012). 예를 들어, 우울한 어머니의 아동이 우울증이나 부정적이고 공격적인 행동 등의 문제행동이 더 많이 나타났다(Anderson & Hammen, 1993; Billings & Moos, 1983: Goodman, Brogan, Lynch, & Fielding, 1993; Lovejoy, Graczyk, O'Hare, & Neuman, 2000). 이러한 연구 결과들은 영유아기의 초기 경험이 이후 발달에 지속적으로 트라우마(trauma)로 남는다고 경고하고 있다(Nelson & Mann, 2010). 이에 연구자들은 영유아의 사회정서 문제행동에 대한 조기 발견과 개입의 중요함을 강조하였고 영유아의 사회정서 문제행동을 조기에 발견할 수 있는 평가 척도가 필요하다고 제안하고 있다(오명호 · 이인규 · 이희정, 2005; 장미경, 2005; Briggs-Gowan, Carter, Irwin, & Wachtel, 2004; Squire & Bricker, 2007).

맞벌이 부부 증가, 부모의 이혼, 한부모 가정이나 조부모 가정 등 어머니의 취업이나 부재가 증가하면서 영유아들의 보육시설 취원 시기가 빨라지고, 영유아들이 보육시설에 있는 시간이 길어지고 있다. 따라서 부모보다는 교사가 영유아의 사회정서적 문제행동을 조기에 발견하거나 개입할 수 있는 기회가 더 많다. 그러나 현실적으로 유아교사, 보육교사나 유치원교사는 영유아의 사회정서발달 영역보다는 학습과 직접 관련된 인지, 언어발달에 치중하기 때문에 상대적으로 사회정서 문제에 대해서는 간과하고 있다(Squire & Bricker, 2007). 가령 영유아의 사회정서행동에 대해 관심이 있다 하더라도 영유아의 기질, 환경과의 상호작용 정도, 정서 상태와 사회적 행동 등의 영유아의 사회정서발달 정도를 쉽게 사용할 수 있는 교사용 척도는 거의 없어서 영유아의 사회정서적 행동을 파악하기 힘들다(김호인, 2010; 방명애 · 이효신 역, 2007). 따라서 영유아기의 사회적 · 정서적 발달을 촉진하고 지원하며 보육과 교육을 동시에 해야 하는 보육교사가 영유아의 사회정서발달을 일상생활 속에서 자유놀이 시간에 자연스럽게 평정할 수 있는 척도가 절실히 필요하다.

무엇보다도 이러한 평가도구들은 주로 외국도구를 번안한 것으로, 사회 · 문화적 환경의 차이로 검사문항의 타당성을 확보하기에는 어려움이 있다(이종숙 외, 2009). 특히 영유아의 사회정서발달은 다른 발달 영역보다 영유아들이 속한 그 사회와 문화에 영향을 더 많이 받으며, 외국에서 개발된 검사를 번역하여 그대로 사용하는 것은 진단평가에 있어서 오류를 범할 수 있는 가능성이 높기 때문에(방명애 · 이효신 역, 2007) 우리나라 영유아의 발달적 특성을 반영하지 못한다는 제한점을 갖고 있다(손원경, 2004; 이은해 외, 2005). 둘째, 국내에서도 자체적으로 개발한 교사 평정용 영유아발달도구들(박혜원 · 조복희, 2004; 심성경 외, 2005; 이영자 외, 2000)이 있으나, 이러한 평가 척도도 영유아보다는 유아나 아동에 초점을 더 두었고, 사회정서발달보다는 인지와 언어발달에 중점을 두었기 때문에 영유아의 사회정서행동을 평가하기에는 한계가 있다. 셋째, 유아의 사회정서적 유능성을 평가하는 도구는 인지 능력이나 학업수행을 평가하는 도구에 비해 부족하다. 뿐만 아니라 사회정서적 영역에서 사용될 수 있으면서도 타당화 과정을 거친 평가도구는 대부분 병리 중심적(pathology oriented)이어서 영유아의 문제, 장애, 역기능에 초점을 두며 사회정서적 유능성이나 행동을 간과하는 경향이 있다(Merrell, 2008a). 넷째, 일부 영유아발달 평가도구는 심리측정학적으로 적절한 도구이나 전문인이 시행하고 해석해야 하므로(e.g., Child Behavior Checklist, Bayley Scales of Infant Development) 쉽게 사용하기 어려우며, 대집단의 영유아에게 시행하기에는 비용 면에서 너무 비싸서 평가를 시행하기 어렵다(장미경, 2005; 허계형, 2009; Squires & Bricker, 2007). 넷째, 현재 영유아 중심으로 이루어지는 사회정서발달 척도는 과제 중심 평가로 단발성이어서, 영유아의 연령이나 자연스런 상황을 고려하지 않은 채 평가가 이루어지므로(Dichtelmiller, 2004) 영유아의 사회정서발달에 대한 구체적이고 전문적인 자료를 얻기에는 다소 부족하다. 따라서 교사가 유아교육기관의 영유아를 대상으로 사회정서발달 수준을 파악할 수 있으며, 특별한 훈련 없이도 교사가 실시 가능하며, 유아교육현장의 일상생활 속에 관찰한 내용에 근거하여 쉽게 평가할 수 있는 영유아용 사회정서행동 평가도구가 필요하다.

(3) 영유아 사회정서행동 관련 선행연구들의 척도 분석

현재 국내에서 사용되고 있는 대표적인 사회정서 발달 척도들은 사회정서행동만 분석한 것이 아니라 전반적인 영유아발달 또는 아동발달에 초점을 두었으며, 연령도 영유아보다는 아동 대상으로 주로 이루어져 있다. 이러한 척도들 중에 영유아의 사회정서발달과 관련하여 가장 많이 활용되고 있는 척도는 ITSEA(Infant-Toddler Social and Emotional Assessment)와 ASQ: SE(Ages and Stages Questionnaires: Social-Emotional)이다(부록 참조).

표 2-1 영유아 발달 관련 척도 분석

구분	평가도구	연령 범위	평가 영역	출처
영아	영유아 사정, 평가 및 프로그램 체계(APS)	0~3세	• 소근육, 대근육, 인지, 사회-의사소통	• 심성경 · 박주희 · 최대훈(2005)
	교사용 영아발달 평가도구	1~2세	• 대 · 소근육, 자조기술, 사회-의사소통, 사회-정서, 인지	• 이영자 · 이종숙 · 신은수 · 곽향림 · 이정욱(2000)
	유아용 정서지능 평가도구	3~5세	• 정서 인식 및 표현, 정서에 의한 사고촉진, 정서 지식의 활용, 정서의 반영적 조절	• 이영자 · 이종숙 · 신은수(2000)
	한국판 베일리 검사 (K-BSID-II)	0~42개월	• 인지, 신체운동, 언어, 사회정서, 적응 행동	• 박혜원 · 조복희 (2004)
유아	Infant-Toddler Social and Emotional Assessment (ITSEA)	12~36개월	• 사회적 유능성, 외면적 문제행동, 내면적 문제행동, 조절 문제	• Carter, Briggs-Gowan, Jones, & Little(2003) • Briggs-Gowan et al.(2004)

구분	평가도구	연령 범위	평가 영역	출처
유아 (계속)	Ages and Stages Questionnaires: Social-Emotional (ASQ: SE)	4~60개월	• 의사소통 영역, 대근육 영역, 소근육 영역, 문제해결 영역, 개인-사회 영역	• Squires, Bricker & Twombly(2002) • 허계형(2009)
	Child Behavior Checklist Revised (CHC)	1.5~5세	• 정서적 반응, 불안/우울, 신체화, 위축, 수면 문제, 주의 문제, 공격 문제	• Achenbach & Rescorla(2000) • 오경자 · 김영아 (2009)
	Development Assessment of Young Children (DAYC)	0~6세	• 인지, 사회정서, 적응 행동, 의사소통, 신체발달	• Voress & Maddox(1998)
	Social Skills Raring Systems(SSRS)	3~6세	• 사회적 기술, 문제행동, 학문적 능력	• Gresham & Elliott(1998)
	Bayley Scales of Infant Development(BSID-Ⅱ)	0~42개월	• 인지, 신체운동, 언어, 사회정서, 적응 행동	• Bayley(1993) • Bailey, McWilliam, Buyssc, & Wesley(1998)
	Social Emotional Growth Chart	0~42개월	• 감각 처리, 기능적 정서	• Greenspan(2004)
	Social Competence and Behavior Evaluation(SCBE)	30~78개월	• 정서적 반응, 또래와의 사회적 상호작용, 성인과의 사회적 상호작용	• LaFreniere & Dumas(2003) • 안라리(2005)
	Preschool Behavior Checklist(PBCL)	2~5세	• 대 · 소변, 기질, 공포, 걱정, 기분, 기타 특수 문제	• McGuire & Richman(1986)
	Devereux Early Childhood Assessment Clinical Form (DECA-C)	2~5세	• 우울 · 위축, 정서통제 문제, 주의집중 문제, 공격성	• LeBuffe & Naglieri(2003)

(4) 영유아 사회정서행동 진단평가 척도 구성 및 내용

본 연구에서는 영유아의 사회정서발달과 행동의 특성, 국내 · 외에서 개발된 측정도구의 구성 요인을 고찰하여 본 척도의 각 하위 영역과 검사문항을 구성하였다. 먼저, 본 연구는 선행연구 결과들에 근거하여 영유아의 사회정서행동에 대한 핵심 요인들을 크게 사회정서 유능성과 문제행동으로 나누었다(Achenbach & Rescorla, 2000; Briggs-Gowan et al., 2004). 사회정서적 유능성과 관련된 핵심 요인들은 사회정서성(주의집중력, 자아 인식, 정서 조절), 사회적 관계(친사회적 행동, 사회적 행동과 또래 상호작용)이며, 문제행동과 관련된 핵심 요인들은 내면적 문제행동(격리불안과 우울 · 위축), 외면적 문제행동(공격성과 반항성), 수면 · 식사 문제행동 등이다(e. g., 김기예, 2009; 김호인, 2010; 방명애 · 이효신 역, 2007; 우수경 · 최기영, 2002; 이영석, 1998; 이정란, 2003; Achenbach & Rescorla, 2000; Briggs-Gowan et al., 2004; Carey & McDevitt, 1995; LaFreniere & Dumas, 2003; Squire & Bricker, 2007;).

본 척도의 요인들을 살펴보면, 영유아의 사회정서적 유능성의 요인들은 크게 사회정서성과 사회적 관계로 이루어진다. 사회정서성과 관련된 요인들은 주의집중력, 자아 인식과 정서 조절이다. 첫째, 주의집중력은 사회정서 능력 중에 하나로 다른 사람과 관계 속에서 일 대 일, 혹은 일 대 다수로 집중하여 반응하고, 유능감을 발휘하는 능력이다(김기예, 2009; Achenbach & Rescorla, 2000; Briggs-Gowan et al., 2004; Carey & McDeyitt, 1995; Squire & Bricker, 2007). 둘째, 자아 인식은 다른 사람들과 자신을 구분 짓는 속성 행동, 태도, 가치 등을 조합하여 자신을 정의하는 방식으로 이후 사회정서 발달에 영향을 미친다(김호인, 2010; Harter, 2006; Laible & Thompson, 2007). 셋째, 정서 조절은 자신의 감정 상태를 인식하고 그 감정이 타인에게 끼칠 영향을 고려하여 상대방의 사고와 감정 및 의도를 이해하고 공감하여 적절하게 대처할 수 있는 능력이다(양옥승, 2006; Parker & Asher, 1987). 주의집중, 자아 인식, 정서 조절은 서로 밀접한 관련이 있으므로(김기예, 2009; 우수경 · 최기영, 2002; Achenbach & Rescorla,

2000; Greenspan, 2004; Goleman, 1995; Neisworth, Bagnato, Salvia, & Hunt, 1999; Squire & Bricker, 2007) 사회정서성에 포함되었다. 사회적 관계와 관련된 요인들은 친사회적 행동, 사회적 행동과 또래 상호작용이다. 사회적 관계는 양육자와 또래와의 초기 의사소통과 상호작용, 사회적 행동, 친사회적 행동을 의미한다(김호인, 2010; Bricker, Schoen Davis, & Squires, 2004; Greenspan, 2004; Gresham & Elliott, 1998; LaFreniere & Dumas, 2003; Sparrow, Balla, & Cicchett, 1998).

영유아 문제행동과 관련된 요인들은 내면적 문제행동, 외면적 문제행동, 수면 · 식사 문제행동이다. 내면적 문제행동과 관련된 요인들은 우울 · 위축과 격리불안으로, 즉 우울하고 불안해하며 새로운 것에 대한 경험을 거부하고 전반적으로 위축되어 있는 것을 의미하며, 외면적인 문제행동과 관련된 요인들은 반항성과 또래 공격성으로, 즉 외면적 문제행동은 충동적이고 반항적이며 공격적인 문제행동을 의미한다(이소은, 2007; 이영석, 1998; 이정란, 2003; Achenbach & Rescorla, 2000; Briggs-Gowan et al., 2004; Gartstein & Rothbart, 2003; Gresham & Elliott, 1998; Squire & Bricker, 2007). 수면 · 식사 문제행동 요인들은 수면과 식사 조절과 관련된 문제행동이다. 수면과 식사 조절 문제는 반응과 규제와 관련하여 부정적인 정서상태를 조절하는 문제와 비정상적인 감각의 예민성을 의미한다(Achenbach & Rescorla, 2000; Briggs-Gowan et al., 2004; McGuire & Richman, 1986).

표 ❷-2 영유아 사회정서행동 척도 구성 및 내용

하위 영역	요인	하위 요인 내용	문항수
사회정서성	주의집중	• 다른 사람과 관계 속에서 일 대 일, 혹은 일 대 다수로 집중하여 반응 • 유능감을 발휘하는 능력이기에 관계를 맺는 순간에 얼마나 집중을 잘하는가와 관련	6
	자아 인식	• 영유아가 자신을 한 사람의 개체로 인식하고 자신의 이미지를 형성 • 자신과 타인을 구분 • 자신을 물리적으로 독특한 존재로 구별	5
	정서 조절	• 자기정서 인식 • 타인정서 인식 • 만족 지연, 순응, 대처	12
사회적 관계	또래 상호작용	• 서로 바라보고 미소짓기, 안아주기 • 놀이 활동 제안하기, 참여하기	5
	친사회적 행동	• 다른 사람에게 혜택을 주는 행동 • 도와주기, 나누어주기, 협동하기, 타인에게 관심을 가지기	8
	사회적 행동	• 사회적 관계를 맺는 데 필요한 양보, 타협, 대안 제시와 같은 사회적 기술	5
내면적 문제행동	격리불안	• 스스로의 행동이나 감정 표현에 대해서 지나치게 의식하며 불안해 함 • 낯선 상황에 대한 불안, 걱정	6
	우울 · 위축	• 연령대에서 기대되는 것보다 위축되고 어린 행동 • 주변의 즐거운 놀이에 대한 무관심	5
외면적 문제행동	또래 공격성	• 타인에 대한 신체적인 공격과 기물 파괴 등의 행동 • 자신의 요구를 이기적이고 고집스럽게 주장 • 싸우기, 남 울리기, 괴롭히기, 뺏기, 물건 던지기	8
	반항성	• 자기주장이나 고집이 여의치 않을 경우에 반항적이거나 분노발작 등의 행동	7
수면 · 식사 문제행동	수면 문제	• 혼자 자려하지 않고 연속적인 수면을 이루지 못하며 악몽, 잠꼬대 등 수면이 어려운 경우	3
	식사 문제	• 분명한 의학적 원인 없이 음식을 거부, 구토, 입에 음식을 물고 있는 등의 예민함	4

(5) 영유아 사회정서행동 진단평가 척도 특성 및 문항

첫째, 본 척도는 12~36개월 영유아의 사회정서 행동에 초점을 두었다.

둘째, 본 척도는 영유아 교사가 유용하게 활용할 수 있도록 보육시설이라는 환경 맥락 안에서 영유아에게 나타나는 사회정서행동 문항으로 구성되었다.

셋째, 본 척도에는 사회성 발달과 정서 발달 모두에 기본이 되는 자아 인식, 주의집중이 포함되었다.

넷째, 본 척도는 과제 중심 평가가 아닌 자유놀이 상황에서 관찰하고 평가할 수 있도록 구성되었다.

다섯째, 본 척도의 문항은 Likert 4점 척도이며, 전혀 없다=0, 별로 없다=1, 가끔 있다=2, 자주 있다=3으로 구성되었다.

여섯째, 본 척도는 역으로 산출할 문항들이 없어서 산출이 용이하다.

표 ❷-3 영유아 사회정서행동 척도 문항 및 내용

구분	문항		0	1	2	3
주의집중	1	• 오랜 시간 동안 집중할 수 있다. (TV 보기 제외)				
	2	• 10분 또는 그 이상 한 가지 장난감이나 물건을 가지고 혼자서 놀이한다.				
	3	• 교사가 책을 함께 보고 있을 때 교사가 지적하는 그림을 유아가 명명할 수 있다.				
	4	• 새로운 것을 배울 때 주의집중을 잘 한다.				
	5	• 같이 놀아주면 10분 이상 주의집중을 하며 논다.				
	6	• 교사의 시선이 있는 쪽을 따라간다.				
친사회적 행동	7	• 또래가 놀이 중 다쳤을 때 위로해 준다.				
	8	• 놀이를 번갈아가며 차례대로 할 수 있다.				
	9	• 친구가 싫어도 참고 싫어하는 친구와도 함께 놀이한다.				
	10	• 또래에게 자기 간식을 나누어 준다.				
	11	• 다른 아이들의 이야기를 잘 들어준다.				
	12	• 다른 아이에게 양보를 잘 한다.				
	13	• 어려움에 처한 아이를 도와준다.				
	14	• 놀이 중 또래 장난감을 달라고 요청하면 장난감을 또래에게 나누어준다.				
또래 상호작용	15	• 한 명 또는 두 명의 또래 근처에서 놀이를 한다. (예 두 명의 아이가 나란히 앉자 각자 자기 퍼즐을 맞추면서 논다.)				
	16	• 또래와 몸짓, 소리내기, 말하기 등으로 연속적인 의사소통적 상호작용을 시작하고 유지한다.				
	17	• 퍼즐이나 역할놀이를 하는 또래들의 모습을 보고 자신도 따라서 한다.				
	18	• 다른 아이가 노는 것이 재미있어 보이면 다가가서 같은 놀이를 하자며 참여한다.				
	19	• 또래를 따라다니며 놀이를 한다.				

구분		문항	0	1	2	3
사회적 행동	20	• 친한 친구를 만났을 때 반갑게 인사를 한다.				
	21	• 교사가 교실에 들어오면 교사와 눈을 맞춘다.				
	22	• 친하게 지내고 싶은 아이에게 친밀감 있게 다가간다. (예 웃거나 장난감을 주거나 껴안는다.)				
	23	• 교사가 말을 걸면 미소 웃음을 짓는 등 긍정적인 반응을 보인다.				
	24	• 또래가 말을 걸면 미소나 웃음을 짓는 긍정적인 반응을 보인다.				
자아 인식	25	• 자신 혹은 다른 사람을 간단한 그림으로 나타낸다.				
	26	• 자신의 성을 알고 있다. "나는 여자야."				
	27	• 대명사를 사용하여 본인에게 관심을 갖도록 시도한다. "나와 놀자.", "나는 배가 고파."				
	28	• "내가 커.", "내가 할 수 있어." 등의 모습이나 행동, 능력을 말할 수 있다. (예 블록으로 집을 짓고 나서 "내가 만들었어!"라고 짧게 말한다.)				
	29	• 자신의 신체적 특징을 말로 표현한다.				
정서 조절	30	• 신나고 흥분되는 활동 후 스스로 앉아서 진정한다.				
	31	• 화가 났을 때 또는 두려울 때 자신의 감정을 행동이나 말로 표현할 줄 안다.	※ 2단계 탐색적 요인 분석 및 신뢰도 검증에서 삭제			
	32	• 놀이 중에 하지 말라고 하면 억제하는 편이다. (예 블록놀이 중 블록을 던질 때 하지 말라고 하면 그만한다.)				
	33	• 위험한 행동을 하려고 할 때 하지 말라고 하면 억제하는 편이다.				
	34	• 활동이나 놀이를 더 하겠다고 말하지만 교사가 다음에 하자고 하면 조르지 않고 기다리는 편이다.				
	35	• 교사가 내준 과제나 부탁한 일이 있으면 그것을 마친 후 친구들과 놀이를 하는 편이다.				
	36	• 놀이 중 또래가 가지고 놀이하는 장난감을 가지고 싶지만 다른 장난감을 이용하여 놀이한다.				
	37	• 간식 시간에 대부분 자리를 지키며 차례를 기다린다.				
	38	• 유아는 기본생활 규칙을 스스로 지킨다. (예 손 씻기, 이닦기, 줄서기, 뛰지 않기 등)				
	39	• 블록을 끼우려다 또래와 싸워서 화가 나지만 다른 놀이에 즐겁게 참여한다.	※ 2단계 탐색적 요인 분석 및 신뢰도 검증에서 삭제			
	40	• 정리 · 정돈, 순서 기다리기, 개인 규칙 지키기 등 스스로 놀이 규칙을 잘 지킨다.				
	41	• 그림을 그리다가 또래가 블록 영역에서 놀이하자고 권유할 때 그림을 다 그리고 이동하여 놀이한다.				

구분		문항	0	1	2	3
내면적 문제행동 (격리불안)	42	• 아이를 안아주지 않고 있지 않을 때 안아달라고 팔을 뻗는다.				
	43	• 아이가 긴 시간 동안 징징거리거나 울거나 짜증을 낸다.				
	44	• 새로운 장소 탐색 시 당신이 가까이 있는지 끊임없이 확인한다.				
	45	• 심하게 울 때는 팔을 휘젓거나 발을 구르며 몸을 흔든다.				
	46	• 특별한 일이 없이 언짢아하고 보채면서 교사에게 매달린다.				
	47	• 교사가 도움이 필요하지 않을 때조차도 도움을 요청한다.				
내면적 문제행동 (우울 · 위축)	48	• 쉽게 지루해 하고 놀이에 흥미를 나타내지 않는다.				
	49	• 불안해하고 신경질적이다. (예) 손톱을 물어뜯는다.)				
	50	• 집단에서 떨어져서 따로 혼자 있다.				
	51	• 다른 아이들이 같이 놀자고 해도 응하지 않는다.				
	52	• 집단 활동을 하는 동안 말을 하지 않거나 거의 상호작용을 하지 않는다.				
외면적 문제행동 (반항성)	53	• 심하게 떼를 쓴다.				
	54	• 자기 뜻대로 안되면 소리를 지르거나 공격적으로 행동한다.				
	55	• 고집이 세다.				
	56	• 하던 일이 안되면 큰소리로 울거나 발을 구른다.				
	57	• 비겁하게 행동한다. (예) 나쁜 짓을 하고 숨기거나 안한 척 한다.)	※ 1단계 내용 타당도 검증에서 삭제			
	58	• 혼날 때 반항한다.				
	59	• 교사의 관심을 끌기 위해 말썽을 부리거나 사고를 친다.				
외면적 문제행동 (또래 공격성)	60	• 다른 친구를 신체적으로 때리고, 밀고, 발로 차거나 깨무는 행동을 한다.				
	61	• 힘이 없는 아이를 못살게 군다. (예) 발로 차거나 꼬집거나 깨무는 행동 등)				
	62	• 다른 아이의 놀이를 망가뜨리거나 어지럽혀 방해를 한다.				
	63	• 다른 아이와 갈등이나 싸움이 자주 생기는 편이다.				
	64	• 다른 아이들보다 무엇이든지 먼저하고 싶어 한다.				
	65	• 장난감을 공유하는 것을 싫어한다.				
	66	• 다른 아이들의 장난감이나 물건을 부수거나 던진다.				
	67	• 다른 아이가 가지고 놀이하는 장난감을 빼앗는다.				

구분		문항	0	1	2	3
수면 문제	68	• 낮잠 시간에 깨거나, 깬 후에 다시 숙면을 하기 위해 교사의 도움이 필요하다.				
	69	• 수면을 지속하는 데 어려움이 있다.				
	70	• 낮잠 시간 동안 잘 자지 않는다.				
식사 문제	71	• 음식을 가지고 장난하거나 입에 물고 있다.				
	72	• 음식을 씹도록 하는 것을 거부하거나 뱉는다.				
	73	• 먹는 것이 까다롭다.				
	74	• 새로운 음식은 먹지 않으려고 한다.				

02 영유아 사회정서행동 진단평가 척도 개발 및 타당화를 위한 연구 방법과 절차

1) 영유아 사회정서행동 진단평가 척도 개발 및 타당화 검증 절차

본 연구에서 구성한 가설적 문항의 타당화는 다음 |그림 2-1|의 과정을 거쳐서 이루어졌으며, SPSS 19.0과 Amos 19.0을 활용하여 분석하였다.

단계	내용	비고
1단계 내용 타당도 검증	• 74개 문항에 대한 영유아 교사의 내용 적절성 평정 • 문항 평균 이하의 3문항(반항성 3문항) 삭제하여, 총 71문항	• 어린이집에서 영유아를 담당하고 있는 유아교사 45명
2단계 탐색적 요인 분석 및 신뢰도 검증	• Direct Oblimin 방식을 이용한 요인 분석 Cronbach's α 값 산출 • 영유아 사회정서행동 척도 요인추출 및 요인별 문항 내적 합치도 검증(정서 조절 4문항 삭제) • 총 67문항 산출	• 예비조사 표본: 서울 · 경기 영유아 전담 어린이집 교사 200명
3단계 위계 요인 분석	• 모수추정을 통해 측정 모형의 적합도 검증 • 영유아 사회정서행동 위계 요인 측정 모형 확정 • 하위 요인 또래 상호작용(5문항) 삭제하여 최종적으로 62문항 산출	• 본 조사 표본: 서울 · 경기 영유아 전담 어린이집 교사 271명
4단계	• 영유아 사회정서행동 평정 척도 개발	• 최종 확정문항

그림 2-1 척도 타당화 과정

2) 내용 타당도 검증

타당화 첫 단계에서는 영유아의 사회정서적 행동에 대한 74개의 가설적 문항들이 타당한 내용인지, 하위 요인별 문항 구성이 적절한지 등을 알아보기 위하여 영유아 전담 어린이집 교사 45명을 대상으로 내용의 적절성 평가, 즉 내용 타당도를 검증하였다. 교사들은 본 연구의 가설적 문항이 12~36개월 영유아들의 사회정서적 행동으로 적합한지, 또 실제로 얼마나 자주 나타나는지, 문항에서 제시한 예가 실제 현장에서 나타나는지 등을 Likert 4점 척도(0=전혀 그렇지 않다 부터 3=매우 그렇다)로 평가하였다.

3) 탐색적 요인 분석 및 신뢰도 검증

타당화 두 번째 단계에서는 내용 타당도 검증 결과에 따라 수정된 척도로 예비조사를 실시하였다. 예비조사는 서울시 소재 20곳의 어린이집에 다니는 영유아 12~36개월 대상으로 이루어졌다. 영유아 사회정서행동평가는 교사가 평정하도록 하였다. 교사용 영유아 사회정서행동평가 설문지는 300부가 배부되었으나 설문지 중 미회수나 부실한 자료를 제외시켰기 때문에 본 연구에는 200부만이 분석되있다.

본 연구에는 영유아 총 200명, 남아 102명(51%), 여아 98명(49%)이 참여하였고, 평균개월 수는 33.44개월(SD=5.84)이었다. 이들 예비조사의 표본 자료를 대상으로 척도의 잠재되어 있는 하위 요인을 밝혔고, 척도의 신뢰도를 검증하기 위하여 사각회전(Direct Oblimin) 방식으로 탐색적 요인 분석을 실시하였으며 내적 합치도 계수(Cronbach' s α)를 산출하였다.

4) 위계 요인 분석

타당화의 세 번째 단계에서는 또 다른 표본을 대상으로 본 조사를 실시하였다. 본 조사는 서울시에 소재하고 있는 30곳의 어린이집에 다니는 영유아 12~36개월 대상으로 이루어졌다. 교사용 영유아 사회정서행동평가 설문지는 400부가 배부되었으나 설문지 중 미회수 또는 개월 수에서 벗어났거나 부실한 자료가 제외되었기 때문에 본 연구에는 271부만이 분석되었다. 따라서 본 연구에는 영유아 총 271명, 남아 141명(52%), 여아 130명(48%)이 참여하였고 평균 개월 수는 25.70개월(SD=7.36)이었다.

본 연구에서는 탐색적 요인 분석을 통해 얻은 하위 요인으로 구성된 영유아 사회정서행동에 대한 모형이 표본에 종속된 모형인지 다른 표본에도 일반화할 수 있는 모형인지를 검증하기 위하여 위계 요인 분석(high-order factor analyses)을 실시하였다. 또한 영유아 사회정서행동 척도의 하위 요인과 잠재 변인의 관계, 적합도도 검증하였다. 위계 요인 모형은 연구 모형 구축과정에서 요인과 변수의 관계를 2차 이상으로 구성하는 것을 의미하는 것으로 2차 요인 모형은 2차 요인이 다수의 1차 요인들의 원인이 되는 요인으로 사용된다. 위계 요인 모형은 특정 개념을 보다 정확히 이해하고 특정 개념들을 연결할 수 있는 이해 타당성(momological validity)을 충분히 확보하였을 때에 2차 요인 모형을 사용한다(김호인, 2010). 이에 본 연구에서는 선행연구 결과들에 근거하여 영유아 사회정서행동 척도의 특정 개념이 규명되었다고 판단된 바, 위계 요인 분석을 실시하여 타당도를 검증하였다.

3 연구 결과 및 해석

1) 영유아의 사회정서행동 진단평가 척도의 타당도와 신뢰도에 대한 결과

(1) 내용 타당도 검증 결과

영유아 사회정서행동 척도 문항의 내용 타당도를 검증하기 위하여 영유아 교사 45명(평균 연령 37.31세)에게 각 문항들이 영유아의 사회정서행동 특성을 잘 반영하는가를 평가하도록 하였다. 평정 결과는 문항적절성 및 문항 중의 평균은 3.43(SD=.06)으로 나타났으며, 문항 중에 평균이 3.0 이하인 문항 반항성 3문항을 삭제하여 총 71문항이 산출되었다. 척도 문항의 구성은 |표 2-4|와 같다.

표 2-4 영유아 사회정서행동에 대한 위계 및 구성 요인

구분	영역	구성 요인
사회정서 역량(41문항)	사회성(18문항)	• 친사회적 행동(8문항) • 사회적 행동(5문항) • 또래 상호작용(5문항)
	사회정서성(23문항)	• 주의집중(6문항) • 자아 인식(5문항) • 정서 조절(12문항)
문제행동(30문항)	내면적 문제행동(11문항)	• 격리불안(6문항) • 우울 · 위축(5문항)
	외면적 문제행동(12문항)	• 반항성(4문항) • 또래 공격성(8문항)
	수면 · 식사 문제행동(7문항)	• 수면 문제(3문항) • 식사 문제(4문항)

(2) 탐색적 요인 분석 및 신뢰도 검증 결과

본 연구는 영유아 사회정서행동 문항들에 잠재되어 있는 하위 요인을 밝히고 척도의 신뢰도를 검증하기 위하여 탐색적 요인 분석을 실시하였다. 요인의 수를 결정하기 위하여 고유치가 1 이상인 요인의 수를 고려하는 것 외에 스크린 검사와 누적분산비율을 고려하였으며, 사각회전(Direct Oblimin) 방식을 실시하여 요인행렬의 요인 변량을 최대화하여 각 요인의 특성을 파악하기에 용이하도록 하였다. 요인부하량이 해당 요인에서 .30 이상인 문항만을 선별하였다. 이 과정에서 요인부하량이 낮거나 해당 요인별로 내용 관련성이 낮다고 판단된 문항 정서 조절 4문항이 삭제되어 총 67문항이 되었다.

KMO(Kaiser-Meyer-Olkin)의 표본 적절성 측정치와 바틀렛(Barltett)의 구형성 검증 결과로 영유아 사회정서행동 척도의 67문항들이 요인 분석에 적합한 것으로 나타났다 (KMO=.895, Barlett의 구형성 검증, $\chi^2(2211)$ =10037.341, p<.0001). 고유치가 1 이상인 요인은 총 12개였으며, 12개 요인들이 설명하는 누적변수는 총 72.093%였다.

표 ❷-5 영유아 사회정서행동 진단평가 척도의 탐색적 요인 분석 결과 및 신뢰도

하위 요인		문항번호	1	2	3	4	5	6	7	8	9	10	11	12
1	친사회적 행동	12	.868	.348	-.227	-.261	.333	-.120	-.393	.126	.423	-.220	-.374	.198
		11	.811	.372	-.255	-.297	.401	-.153	-.478	.183	.496	-.259	-.428	.288
		10	.794	.356	-.173	-.150	.336	-.052	-.334	.053	.325	-.271	-.328	.220
		13	.782	.378	-.276	-.158	.279	-.140	-.498	.193	.347	-.177	-.314	.178
		14	.765	.311	-.266	-.376	.293	-.172	-.402	.154	.506	-.302	-.349	.308
		9	.733	.296	-.222	-.198	.280	-.210	-.281	.117	.353	-.262	-.371	.233
		8	.651	.491	-.276	-.137	.519	-.120	-.452	.162	.402	-.228	-.535	.182
		7	.607	.419	-.293	.006	.425	-.114	-.365	.084	.361	-.156	-.375	.117

하위 요인		문항 번호	1	2	3	4	5	6	7	8	9	10	11	12
2	사회적 행동	24	.452	.785	−.282	−.092	.316	−.062	−.265	.214	.321	−.272	−.346	.074
		20	.350	.759	−.222	.154	.169	−.149	−.293	.079	.121	−.013	−.490	.048
		21	.304	.747	−.311	−.106	.240	−.134	−.257	.072	.135	−.029	−.450	−.007
		23	.314	.741	−.269	−.186	.365	.033	−.199	.170	.244	−.191	−.355	.042
		22	.446	.738	−.291	.110	.223	−.174	−.296	.114	.218	−.108	−.460	.084
3	우울 · 위축	51	−.215	−.281	.827	.113	−.130	.352	.128	−.380	−.084	.210	.372	−.434
		50	−.384	−.385	.797	.131	−.203	.347	.276	−.121	−.129	.158	.420	−.277
		52	−.206	−.309	.793	.062	−.210	.204	.124	−.362	−.023	.204	.361	−.250
		48	−.263	−.150	.634	.341	−.290	.276	.051	−.233	−.231	.167	.190	−.449
		49	−.185	−.200	.607	.180	−.109	.236	−.066	−.335	−.109	.271	.177	−.539
4	또래 공격성*	63	−.280	−.104	.179	.864	−.328	.145	.170	−.096	−.426	.299	.055	−.217
		59	−.260	−.096	.204	.820	−.319	.130	.093	−.106	−.442	.295	.099	−.186
		60	−.309	−.077	.151	.820	−.199	.230	.159	−.068	−.530	.429	−.038	−.167
		64	−.267	−.080	.176	.816	−.236	.150	.249	−.047	−.508	.293	.012	−.274
		57	−.345	−.069	.277	.730	−.212	.106	.338	−.112	−.345	.381	.040	−.319
		58	−.256	−.092	.214	.671	−.315	.205	.145	−.182	−.248	.340	.108	−.349
		61	−.206	.120	.024	.669	−.189	.226	.039	−.201	−.364	.350	−.112	−.156
		62	−.494	−.101	.238	.579	−.108	.384	.229	−.162	−.239	.370	.034	−.236
5	주의집중	5	.372	.248	−.205	−.259	.872	−.068	−.183	.140	.387	−.149	−.320	.152
		2	.324	.143	−.102	−.265	.811	−.154	−.235	.074	.401	−.147	−.302	.236
		4	.340	.345	−.301	−.189	.777	−.058	−.390	.176	.382	−.169	−.472	.134
		1	.318	.259	−.196	−.299	.728	−.265	−.316	.134	.446	−.089	−.306	.270
		3	.326	.323	−.219	−.127	.631	.038	−.391	.047	.340	.019	−.266	.122
		6	.289	.412	−.235	−.150	.551	−.049	−.186	.145	.272	−.098	−.227	−.001

하위 요인		문항 번호	1	2	3	4	5	6	7	8	9	10	11	12
6	식사 문제*	70	-.165	-.046	.219	.101	-.005	.828	.089	-.373	-.103	.214	.147	-.293
		71	-.177	.018	.198	.138	-.043	.795	.126	-.291	-.145	.236	.076	-.269
		68	-.111	-.239	.337	.182	-.149	.760	.036	-.227	-.106	.140	.053	-.217
		69	-.135	-.104	.355	.193	-.177	.738	.123	-.359	-.010	.099	.043	-.316
7	자아 인식	28	.424	.307	-.185	-.098	.255	-.042	-.886	.210	.326	-.126	-.368	.116
		27	.514	.338	-.127	-.115	.251	-.084	-.816	.218	.319	-.223	-.355	.144
		29	.464	.255	-.057	-.145	.360	-.157	-.800	-.006	.345	-.164	-.298	.072
		26	.285	.147	-.076	-.129	.177	-.096	-.738	.052	.304	-.024	-.156	.106
		25	.363	.251	-.256	-.177	.339	-.179	-.657	.000	.387	-.019	-.241	.193
8	수면 문제*	66	-.123	-.143	.345	.094	-.090	.320	.096	-.903	-.081	.073	.169	-.358
		67	-.042	-.087	.275	.086	-.102	.303	.032	-.824	-.006	.118	.062	-.263
		65	-.266	-.160	.190	.118	-.149	.342	.180	-.770	-.210	.197	.154	-.360
9	정서 조절	40	.375	.208	-.121	-.446	.345	-.152	-.430	.006	.857	-.277	-.192	.239
		38	.427	.237	-.073	-.355	.478	-.058	-.307	.052	.839	-.204	-.273	.179
		37	.404	.238	-.069	-.284	.407	-.144	-.234	.172	.744	-.213	-.208	.275
		34	.473	.152	-.221	-.461	.409	-.076	-.360	.167	.732	-.296	-.292	.362
		35	.480	.246	-.264	-.361	.379	-.120	-.438	.275	.692	-.269	-.328	.317
		36	.484	.141	-.177	-.394	.345	-.162	-.403	.193	.690	-.294	-.280	.400
		41	.483	.248	-.199	-.300	.344	-.147	-.569	.122	.678	-.410	-.391	.186
		30	.449	.341	-.185	-.213	.374	-.275	-.379	.102	.546	-.354	-.306	.196
10	반항성	56	-.379	-.156	.346	.495	-.204	.327	.241	-.197	-.395	.778	.159	-.498
		54	-.289	-.149	.237	.561	-.257	.241	.105	-.062	-.434	.720	.033	-.376
		55	-.444	-.117	.345	.384	-.079	.334	.166	-.251	-.219	.657	.114	-.377
		53	-.314	-.242	.419	.492	-.179	.276	.192	-.296	-.384	.617	.229	-.579

하위 요인		문항번호	1	2	3	4	5	6	7	8	9	10	11	12
11	또래 상호작용	17	.300	.438	-.387	-.113	.348	-.129	-.256	.201	.241	-.035	-.791	.188
		18	.440	.495	-.251	.063	.410	-.054	-.360	.134	.266	-.157	-.776	.147
		15	.464	.422	-.334	-.103	.343	-.057	-.223	.130	.292	-.052	-.738	.242
		19	.440	.401	-.346	.041	.287	-.157	-.303	.038	.296	-.179	-.738	.170
		16	.352	.483	-.393	-.008	.391	-.064	-.317	.168	.197	-.088	-.724	.188
12	격리불안	46	-.222	-.062	.351	.225	-.159	.222	.077	-.330	-.197	.343	.171	-.835
		43	-.261	-.070	.421	.245	-.148	.351	.102	-.282	-.232	.327	.163	-.788
		42	-.188	.053	.247	.200	-.089	.224	.195	-.226	-.242	.037	.185	-.731
		45	-.285	-.144	.309	.221	-.195	.234	.094	-.329	-.348	.453	.194	-.701
		44	-.263	-.045	.227	.065	-.160	.252	.100	-.386	-.159	.283	.195	-.688
		47	-.262	-.043	.395	.294	-.217	.291	.183	-.279	-.288	.249	.089	-.657
고유값			20.483	6.289	5.129	2.713	2.452	2.337	1.845	1.767	1.608	1.336	1.201	1.140
설명분량(%)			30.572	9.387	7.655	4.050	3.660	3.489	2.754	2.638	2.400	1.995	1.792	1.701
누적분량(%)			30.572	39.960	47.615	51.665	55.325	58.814	61.568	64.206	66.605	68.600	70.392	72.093
신뢰도			.919	.868	.859	.917	.883	.858	.892	.870	.917	.885	.878	.875

* 74문항으로 구성된 설문지에서 반항성 3문항(57, 58, 59)이 삭제되었기 때문에 71문항으로 구성된 요인분석 표에는 또래 공격성(57~64), 수면 문제(65~67), 식사 문제(68~71) 문항으로 표기되었다.

영유아 사회정서행동 척도의 문항들이 단일한 개념으로 사회정서행동 요인을 제대로 측정하고 있는지를 살펴보기 위하여 하위 영역별 문항 간의 내적 합치도 지수인 Cronbach's α를 산출하였다. 각 요인별 문항 간의 내적 합치도 계수는 .86~.94로 양호하게 나타났다. 탐색적인 연구 분야에서는 내적 합치도 계수가 .60 이상이면 충분하며 측정 척도 속에 하위 척도가 포함될 경우에는 내적 합치도 계수가 산출될 수 있으므로(김계수, 2011), 이 연구에서 도출된 척도 내용에 따른 신뢰도 및 하위 척도의 신뢰도는 매우 양호하다고 판단할 수 있다.

각 요인들 간의 상관 관계를 살펴보면, 각 영역들 간에 유의미한 상관 관계가

-.14~.68로 나타나 영역들 간에 서로 관련성이 있는 것으로 나타났다(| 표 2-6 | 참조). 또한 척도의 요인들 간의 상관 관계 분석 결과는 요인들 간의 다중공선성은 없었으며, 전반적으로 양호한 상관 관계가 나타났다.

표 2-6 영유아 사회정서행동 진단평가 척도의 하위 요인들 간의 상관 관계

	요인	1	2	3	4	5	6	7	8	9	10	11	12
1	친사회적 행동	1											
2	사회적 행동	.55**	1										
3	우울 · 위축	-.38**	-.39**	1									
4	또래 공격성	-.40**	-.13	.32**	1								
5	주의집중	.53**	.34**	-.28**	-.36**	1							
6	식사 문제	-.19**	-.16*	.42**	.29**	-.17*	1						
7	자아 인식	.56**	.38**	-.24**	-.27**	.39**	-.14*	1					
8	수면 문제	-.20**	-.20**	.39**	.20**	-.16*	.44**	-.15*	1				
9	정서 조절	.66**	.37**	-.32**	-.57**	.55**	-.22**	.57**	-.22**	1			
10	반항성	-.45**	-.24**	.51**	.68**	-.29**	.40**	-.32**	.28**	-.58**	1		
11	또래 상호작용	.61**	.62**	-.47**	-.12	.44**	-.15*	.43**	-.21**	.47**	-.26**	1	
12	격리불안	-.35**	-.15*	.54**	.37**	-.24**	.39*	-.22**	.44**	-.44**	.59**	-.29**	1

* $p < .05$ ** $p < .01$

(3) 확인적 요인 분석

본 연구는 탐색적 요인 분석의 결과에 따라 친사회적 행동과 사회적 행동으로 구성된 영유아 사회정서 유능성 척도와 우울 · 위축, 또래 공격성, 주의집중, 식사 문제, 자아 인식, 수면 문제, 정서 조절, 반항성, 격리불안 등으로 구성된 영유아 문제행동 척도의 타당도를 검증하기 위해 확인 요인 분석을 실시하였다. 추정한 영유아 사회정서 유능성과 문제행동 척도의 구조 모형에서 적합도를 산출한 결과는 추정한 모형들 둘 다 적합한 것으로 나타났다(|그림 2-2| 참조). 영유아 사회정서 유능성에 대한 추정 모형의 적합도는 χ^2이 6.89(df=3, p=.045), NFI=.992, TLI=.976, CFI=.995, RMESA=.069로 나타났으며, 문제행동에 대한 추정 모형의 적합도는 χ^2이 11.23(df=5, p=.047), NFI=.984, TLI=.961, CFI=.991, RMESA=.068로 나타났다.

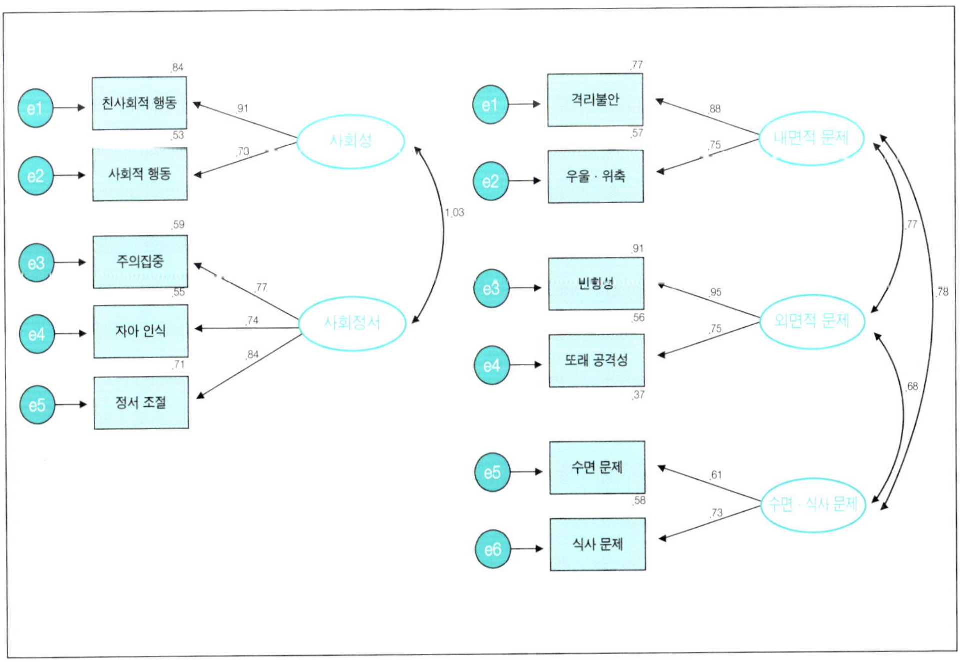

그림 ❷-2 영유아 사회정서 유능성과 문제행동 측정 모형(표준화계수)

(4) 위계 요인 분석 검증 결과

본 연구는 탐색적 요인 분석의 결과에 따라 친사회적 행동, 사회적 행동, 우울 · 위축, 또래 공격성, 주의집중, 식사 문제, 자아 인식, 수면 문제, 정서 조절, 반항성, 격리불안 등의 12개 요인(관찰 변인)으로 구성된 영유아 사회정서 행동 척도의 타당도를 검증하기 위해 위계 요인 분석을 실시하였다. 추정한 영유아 사회정서 행동 척도의 구조 모형에서 적합도를 산출한 결과는 추정한 모형이 적합하지 않는 것으로 나타났다(NFI=.92, TLI=.89, CFI=.93, RMESA=.09). 이에 모형의 적합도를 개선시키기 위하여 측정변수 계수값이 제일 낮은 또래 상호작용 하위 요인을 제거하였다. 측정 모형을 수정한 결과는 χ^2이 100.43(df=35, p=.000)로 적합한 것으로 나타났으며, 절대적합도 지수인 NFI=.94, TLI=.93, CFI=.96, RMESA=.07로 나타나 적합도 지수들도 양호한 측정 모형의 기준을 충족시켰다. 따라서 영유아 사회정서행동 수정 측정 모형이 측정 모형보다 더 양호한 측정 모형이라고 할 수 있다.

표 ❷-7 영유아 사회정서행동 진단평가 척도 모형의 전반적인 적합도 지수

모형	CMIN	DF	χ^2/df	NFI	TLI	CFI	RMSEA
가설 위계 요인 측정 모형	191.65	45	4.36	.92	.89	.93	.09
수정 위계 요인 측정 모형	100.43	35	2.86	.94	.93	.96	.07

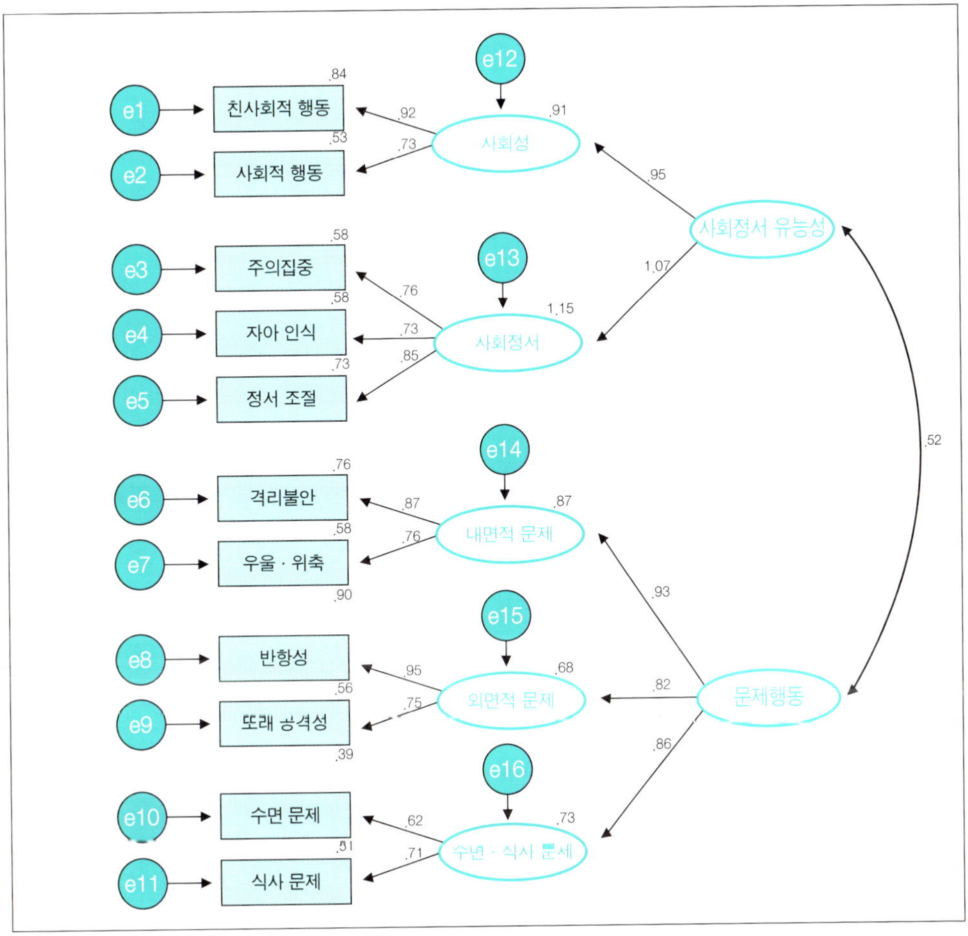

그림 ❷-3 영유아 사회정서행동 척도 위계 요인 측정 모형(표준화계수)

|그림 2-3| 에서 나타난 바와 같이 첫째, 영유아 사회정서행동에 대한 척도의 수정측정 모형은 탐색적 요인 분석에 근거하여 12개의 하위 요인으로 구성된 추정 모형에서 또래 상호작용 하위 요인(5문항)이 삭제되어 11개의 하위 요인으로 이루어진 수정된 측정 모형을 이루었다. 수정된 영유아 사회정서행동 척도에서는 11개의 하위 요인으로 총 62문항으로 구성되었다(부록 참조). 둘째, 영유아 사회정서행동 척도 측정 모형은 사

회 · 정서적 유능성이라는 3차 요인에 의하여 2차 요인들인 사회적 관계와 사회정서성이 설명되며, 2차 요인들인 사회적 관계와 사회정서성에 의하여 1차 요인들인 친사회적 행동, 사회적 행동, 주의집중, 자아 인식, 정서 조절이 설명되고 있음을 보여준다. 또한 문제행동이라는 3차 요인에 의하여 2차 요인들인 내면적 문제행동, 외면적 문제행동과 수면 · 식사 문제행동이 설명되며, 2차 요인들인 내면적 문제행동, 외면적 문제행동, 수면 · 식사 문제행동에 의하여 1차 요인들인 격리불안, 우울 · 위축, 반항성, 또래 공격성, 수면 문제, 식사 문제가 설명되고 있음을 보여준다. 셋째, 관찰 변인의 모든 값이 .0001 수준에서 유의한 경로로 추정되어, 모든 관찰 변인이 잠재 변인을 적절히 추정하고 있다는 것을 보여준다. 표준화된 회귀계수가 .50 이상일 때에 유의미한 것으로 간주하는 기준에서 볼 때, 본 분석에서는 잠재변수의 관찰 변인의 회귀계수가 .60 이상의 값을 나타내고 있어 그 값이 유의미하다.

(5) 영유아 사회정서행동 진단평가 척도에 대한 공인 타당도 검증 결과

본 연구는 본 척도의 공인 타당도를 검증하기 위하여 카터 등(Carter et al., 2003)의 BITSEA(Brief Infant-Toddler Social and Emotional Assessment)와 김지선(2009)은 영유아 교사들에게 작성하도록 하여 두 척도의 하위 영역들 간의 상관 관계를 산출하였다. [표 2-8]에서 나타난 바와 같이 11개의 하위 요인들은 BITSEA의 하위 요인들과 유의미한 상관 관계를 나타냈다. 본 척도 하위 요인들 중에서 친사회적 행동, 사회적 행동, 주의집중, 자아 인식, 정서 조절은 BITSEA의 순응성과 주의집중과는 상관 범위가 r=.47~.80으로 정적인 상관 관계를 보인 반면, 충동성, 공격성, 분리불안, 거부, 우울증, 수면, 식사 등과는 상관 범위가 r=-.12~-.47로 부적인 상관 관계를 나타냈다. 또한 본 척도의 격리불안, 우울 · 위축, 반항성, 또래 공격성, 수면 문제, 식사 문제는 BITSEA의 충동성, 공격성, 분리불안, 거부, 우울증, 수면, 식사 등과는 상관 범위가 r=.15~.83으로 정적인 상관 관계를 보인 반면, 순응성과 주의집중과 상관 범위가 r=-.28~-.49로 부적인 상관 관계를 나타냈다.

다만 BITSEA의 거부 요인은 본 척도의 정서 조절과 또래 공격성과는 의미 있는 차이가 나타나지 않았다. 그러나 새로운 상황에 대한 거부로 이루어져 있는 BITSEA의 거부 문항은 본 척도의 낯선 상황에 대한 격리불안, 우울 · 위축, 반항성 등 유사한 내용을 지닌 요인들과는 유의미한 정적인 상관 관계를 나타냈기 때문에, 본 척도의 공인 타당도에는 거의 영향을 미치지 않는다고 볼 수 있다. 이러한 결과들에 근거해 볼 때에는 전반적으로 본 척도는 영유아의 사회정서행동에 대한 구성 개념들을 제대로 측정하고 있다는 것을 보여준다.

표 2-8 영유아 사회정서행동의 공인 타당도

기준 척도 BITSEA	사회정서적 유능성					문제행동					
	사회적 관계		사회 정서성			내면적 문제행동		외면적 문제행동		수면 · 식사 문제행동	
	친사회적 행동	사회적 행동	주의 집중	자아 인식	정서 조절	격리 불안	우울 · 위축	반항성	또래 공격성	수면 문제	식사 문제
순종	.71**	.51**	.66**	.53**	.80**	−.45**	−.40**	−.49**	−.41**	−.42**	−.35**
주의집중	.64**	.50**	.77**	.47**	.65**	−.40**	−.41**	−.37**	−.33**	−.36**	−.28**
충동성	−.40**	−.20**	−.37**	−.20**	−.47**	.37**	.39**	.59**	.60**	.32**	.37**
공격성	−.36**	−.29**	−.35**	−.16**	−.43**	.50**	.38**	.64**	.64**	.33**	.50**
분리불안	−.37**	−.25**	−.30**	−.29**	−.37**	.59**	.38**	.48**	.34**	.39**	.40**
거부	−.07	−.22**	−.04	−.16**	−.04	.30**	.35**	.11*	−.02	.23**	.28**
우울 · 위축	−.17**	−.43**	−.22**	−.17**	−.12*	.20**	.40**	.12*	.07	.18**	.28**
수면	−.33**	−.25**	−.36**	−.29**	−.36**	.40**	.35**	.24**	.24**	.83**	.35**
식사	−.24**	−.24**	−.28**	−.10	−.28**	.32**	.35**	.34**	.24**	.35**	.80**

* $p < .05$ ** $p < .01$

2) 영유아 성별과 연령에 따른 영유아 사회정서행동 진단평가 척도 하위 요인들 간의 차이 분석

위계 요인 분석 결과에 근거하여 영유아의 개월 수와 성별에 따른 척도의 하위 요인별 평균, 표준편차와 t 검증을 실시하였다(|표 2-9| 참조). 영유아의 개월 수는 1세(12~24개월)와 2세(25~36개월)로 분류하였다. 먼저 연령에 따른 척도의 하위 요인들 간의 차이 분석 결과, 2세 영유아들이 1세 영유아들 보다 사회적 관계(t=-5.93, p<.00001), 친사회적 행동(t=-5.90, p<.00001), 사회정서성(t=-8.26, p<.00001), 자아 인식(t=-8.90, p<.00001) 등을 더 많이 나타나는 반면에, 내면적 문제행동(t=4.10, p<.0001), 우울 · 위축(t=2.86, p<.01), 반항성(t=2.37, p<.05), 수면 · 식사 문제행동(t=2.71, p<.01), 수면 문제(t=3.28, p<.0001) 등은 적게 보였다. 이러한 결과는 전반적으로 사회적 유능성은 연령에 따라 증가하는 반면, 문제행동은 연령에 따라 감소하는 것을 추세를 보여준다.

둘째, 남아들이 여아들보다 사회적 관계(t=-3.09, p<.01), 친사회적 행동(t=-2.86, p<.01), 사회적 행동(t=-2.63, p<.01), 사회정서성(t=-3.16, p<.01), 주의집중(t=-3.55, p<.00001), 외면적 문제행동(t=2.70, p<.01), 또래 공격성(t=2.90, p<.01), 수면 문제(t=2.12, p<.05) 등은 더 많이 나타냈다. 이러한 결과는 전반적으로 사회적 유능성은 여아들한테서 더 많이 나타나는 반면, 문제행동은 남아들한테서 더 보이는 것으로 나타나는 것으로 보여준다.

표 ❷-9 영유아 성별과 연령에 따른 영유아 사회정서행동 척도 하위 요인들 간의 차이 분석

구분	1세 (12~24 개월) M(SD)	2세 (25~36 개월) M(SD)	t-value 연령	남아 M(SD)	여아 M(SD)	t-value 성별
사회적 관계	30.76(8.71)	36.53(7.26)	−5.93****	32.54(8.68)	35.67(7.80)	−3.09**
친사회적 행동	15.47(5.70)	19.37(5.13)	−5.90****	16.75(5.73)	18.72(5.49)	−2.86**
사회적 행동	15.42(3.62)	17.16(2.80)	−4.45	15.90(3.46)	16.95(3.02)	−2.63**
사회정서성	40.90(12.78)	52.99(11.23)	−8.26****	45.30(12.65)	50.36(13.61)	−3.16**
주의집중	14.10(4.03)	16.40(3.13)	−5.26	14.63(3.78)	16.22(3.51)	−3.55****
자아 인식	8.13(3.87)	12.81(4.56)	−8.90****	10.23(4.56)	11.36(5.11)	−.191
정서 조절	18.(6.84)	23.79(5.67)	−6.39	20.66(6.21)	22.78(6.95)	−2.63**
내면적 문제행동	22.08(6.41)	18.71(6.90)	4.10***	20.78(7.43)	19.56(6.24)	1.44
격리불안	11.74(3.46)	9.56(3.88)	4.77	10.81(4.07)	10.18(3.59)	1.34
우울 · 위축	10.44(3.64)	9.15(3.67)	2.86**	9.96(3.96)	9.45(3.39)	1.12
외면적 문제행동	25.92(8.63)	24.60(9.19)	1.20	26.60(8.84)	23.67(8.86)	2.70**
반항성	9.24(3.48)	8.17(3.75)	2.37*	9.05(3.64)	8.21(3.65)	1.86
또래 공격성	16.68(5.90)	16.42(6.03)	.35	17.55(5.91)	15.45(5.86)	2.90**
수면 · 식사 문제행동	15.74(5.53)	13.79(5.99)	2.71**	15.17(5.95)	14.06(5.75)	1.54
수면 문제	6.88(2.61)	5.74(2.97)	3.28***	6.57(2.85)	5.83(2.83)	2.12*
식사 문제	8.85(3.86)	8.05(4.08)	1.63	8.60(4.14)	8.23(3.83)	.75

*p < .05　**p < .01　***p < .001　****p < .00001

04 논의 및 결론

본 연구에서는 생후 12~36개월 영유아들을 대상으로 영유아 사회정서행동을 측정할 수 있는 교사용 척도를 개발하였고 이를 타당화하였다. 본 연구의 결과를 요약하면 다음과 같다.

첫째, 영유아 교사 대상 내용 타당도를 거쳐 선정한 71개 문항에 대한 탐색적 요인 분석을 실시한 결과 친사회적 행동, 사회적 행동, 또래 상호작용, 주의집중, 자아 인식, 정서 조절, 격리불안, 우울 · 위축, 반항성, 또래 공격성, 수면 문제, 식사 문제 등 12개 요인 67문항이 추출되었다. 전체 설명변량값이 72.09%로 볼 때에 본 척도의 요인 전체 구조는 영유아의 사회정서행동을 잘 설명해주고 있다고 본다.

둘째, 12개 요인별 문항 간의 내적 합치도 계수는 .86~.94로 양호하게 나타났다. 탐색적인 연구 분야에서는 내적 합치도 계수가 .60 이상이면 충분하며, 측정 척도 속에 하위 척도가 포함될 경우에는 내적 합치도 계수가 산출될 수 있으므로(김계수, 2011), 이 연구에서 도출된 척도 내용에 따른 신뢰도 및 하위 척도의 신뢰도는 매우 양호하다고 판단할 수 있다. 또한 본 척도의 하위 요인들 간의 상관 관계 분석 결과, 전반적으로 양호한 상관 관계가 나타났다. 따라서 본 척도는 영유아교육 현장에서의 영유아의 사회정서행동을 평가하는 데 신뢰할 수 있는 척도라고 할 수 있다.

셋째, 본 척도에서 특정 개념이 보다 정확히 이해되고 특정 개념들을 연결할 수 있는 이해 타당성(momological validity)이 충분히 확보되었는가를(김계수, 2011) 검증하기 위하여 위계 요인 분석이 실시되었다. 위계적 요인 분석 결과는 또래 상호작용 하위 요인이 삭제된 11개 요인 62문항으로 구성된 수정된 측정 모형이 영유아 사회정서행동을 측정하는 데 더 적합한 것으로 나타났다.

또한 영유아 사회정서행동 척도의 위계측정 모형은 사회정서적 유능성이라는 3차 요인에 의하여 2차 요인들인 사회적 관계와 사회정서성이 설명되며, 2차 요인들인 사회적 관계와 사회정서성에 의하여 1차 요인들인 친사회적 행동, 사회적 행동, 주의집중, 자아 인식, 정서 조절이 설명되었다. 문제행동이라는 3차 요인에 의하여 2차 요인들인 내면적 문제행동, 외면적 문제행동과 수면 · 식사 문제행동이 설명되며, 2차 요인들인 내면적 문제행동, 외면적 문제행동, 수면 · 식사 문제행동에 의하여 1차 요인들인 격리불안, 우울 · 위축, 반항성, 또래 공격성, 수면 문제, 식사 문제가 설명되었다. 이러한 결과는 본 연구의 위계측정 모형이 3차원 위계 모형으로 적합하며, 일반화가 가능하다는 것을 보여준다. 더욱이 기존의 선행연구들은 영유아 사회정서행동과 관련된 요인들을 밝히는 것에 중점을 두었기 때문에(e. g., 김기예, 2009; 김호인, 2010; 방명애 · 이효신 역, 2007; 우수경 · 최기영, 2002; 이소영, 2007; 이영석, 1998; 이정란, 2003; Achenbach & Rescorla, 2000; Briggs-Gowan et al., 2004; Carey & McDeyitt, 1995; LaFreniere & Dumas, 2003; Squire & Bricker, 2007), 본 척도의 위계 모형은 영유아 사회정서행동을 이론적으로 깊이 있게 이해하는 데 도움이 될 것이다.

넷째, 본 연구는 영유아 사회정서발달과 관련하여 현재 가장 많이 활용되고 있는 카터 등(Carter et al., 2003)의 BITSEA 척도와 공인 타당도 검증을 실시하였다. 분석 결과는 두 척도의 거의 모든 하위 영역 간에 유의한 상관 관계가 있는 것으로 나타났으며, 이러한 결과는 본 척도가 영유아 사회정서행동이라는 구성 개념들을 제대로 측정하고 있다는 것을 보여주는 것이라 할 수 있다.

다섯째, 개발된 영유아 사회정서행동 척도의 하위 요인들이 영유아 특성 변인들을 어느 정도 반영하고 있는가를 살펴보기 위하여 영유아의 성별과 연령에 따른 하위 요인들의 차이를 분석하였다. 분석 결과는 전반적으로 사회적 유능성은 연령에 따라 증가는 반면, 문제행동은 연령에 따라 감소하는 것을 추세를 보여주었으며, 사회적 유능성은 여아들한테서 더 많이 나타나는 반면, 문제행동은 남아들한테서 더 보이는 것으로 나타났다. 이러한 결과는 선행연구 결과들(김호인, 2010; Carter et al., 2003; Kochanska

& Aksan, 1995; Papalia, Olds, & Feldman, 1999)과 일치하고 있으며, 영유아 사회정서행동 척도가 영유아의 성별과 연령이라는 특성 변인을 잘 반영하고 있음을 보여준다.

본 연구의 결과와 관련하여 후속적인 연구에 대한 제언은 다음과 같다. 첫째, 후속연구에서는 연구 대상의 대표성을 확보하기 위하여 서울 · 경기 지역뿐만 아니라 전국적으로 보다 더 체계적인 무선 표집과 많은 표본을 통해 본 척도의 타당도를 향상시켜야 할 것이다. 둘째, 후속연구에서는 영유아의 개인 특성 변인과 더불어 가정환경 변인, 보육시설환경 변인도 본 척도를 잘 반영하고 있는지를 검증해야 할 것이다.

Chapter 3

영유아 사회정서행동을 위한 개별화 교육 및 실제

1 영유아 사회정서행동을 위한 개별화 교육

1) 영유아 사회정서행동을 위한 개별화 교육의 필요성

영유아 사회정서 문제가 아동청소년기의 문제행동으로 이어지면서, 발달 지연과 불안한 사회정서발달을 위한 초기검사(screening)는 이후의 사회정서 문제행동을 예방하거나 심각한 발달 지연을 감소시키는 한 방법으로 관심이 모아져 왔다(American Academy of Pediatrics, 2006; Sices, 2007). 2004년의 장애인교육법(the Individuals with Disabilities Education Improvement Act of 2004, IDEA)은 발달적 서비스가 필요한 아동들을 선별하는 데 중요한 자원이 되고 있다(Nelson & Mann, 2010). 장애 영유아를 위한 프로그램으로 알려져 있는 IDEA에서 Part C는 3세 이하의 일반 영유아들이 이용할 수 있는 서비스 중 하나이다. 전미국적으로 3세 이하 일반 영유아들의 2.5%가 Part C를 제공받고 있으나(U. S. Department of Education, Office of Special Education Programs, 2009) 도움이 필요한 일반 영유아들은 13%에 이르고 있다(Cooper & Vick, 2009). 그러나 개별평가 및 치료계획은 여전히 부족한 실정이다(Perry, 2007).

영유아의 정신건강은 IDEA의 Part C, 아동복지, 다른 서비스 등에 걸쳐서 전략적인 계획으로 이루어져야 한다(Perry, 2007). 예를 들면, 경미한 사회정서 문제행동을 보이는 영유아들은 교육현장에서 교사가 개별화 교육으로 개입이나 지도가 가능하지만, 심각한 사회정서 문제행동을 보이는 영유아들은 IDEA의 서비스나 특수교육전문가, 소아정신과 의사에게 연계되어야 할 것이다. 이는 영유아들이 긍정적인 발달과 사회정서적 결과를 촉진하기 위해서는 신뢰할 수 있고 융통성 있는 체계가 필요하다.

영유아의 긍정적인 사회정서발달을 지원하기 하는 기관으로는 조기 헤드스타트

(Early Head Start)와 조기학습을 위한 사회정서 기초 센터(CSEFEL: Center on the Social and Emotional Foundations for Early Learning)가 있다. 먼저 조기 헤드스타트는 헤드스타트(Head Start)의 한 부분으로 정신건강의 문제가 예상되는 영유아들에게 제공되는 프로그램이다. 이 프로그램에서는 정신건강 서비스가 아동발달 프로그램에 잘 내재되도록 모델을 제공하고 있다. 모든 조기 헤드스타트 프로그램은 발달적, 행동적 우려 때문에 모든 유아들을 검진한다. 국가적인 차원의 조기 헤드스타트는 사회정서 발달에서 긍정적인 결과가 나타났는데, 3세 이하의 유아들이 그들의 부모와 좀 더 긍정적인 상호작용을 하였으며, 공격적인 행동을 덜 보였다(Love et al., 2005). 브레넌 등(Brennan et al., 2008)은 교사들이 사회정서적 문제를 인식하고 지적할 수 있도록 유아교육 프로그램을 강화시켜야 한다고 제안하였다.

미국 보건 사회 복지성(Department of Health and Human Services)의 출연기관인 조기학습을 위한 사회정서 기초 센터(CSEFEL)에서도 출생부터 5세 이하의 영유아의 사회정서발달을 촉진하고 영유아의 도전적인 행동들을 알리기 위하여 연구들과 증거에 기초한 실제(evidence-based practices)를 알리고 있다. 조기학습을 위한 사회정서 기초 센터에서는 교사들이 유아교육현장에서 영유아의 사회정서발달 촉진을 위해 효과적으로 실제 적용을 할 수 있도록 전문가 개발기반시설을 만들고 있으며, 훈련, 모니터링, 평가, 학습 공유하기 등과 같은 프로젝트를 하고 있다.

우리나라의 경우는 「장애인 등에 대한 특수교육법안」에 의하면, 교육장 또는 교육감은 영유아의 장애 및 장애가능성을 조기에 발견하기 위하여 해당 지역 내 보건소와 병원에서 선별검사를 무상으로 실시하여야 한다고 하였고(교육과학기술부, 2008), 사회정서 발달이 우려되는 영유아 경우는 현재 시행되고 있는 국가수준의 보육과정인 표준보육과정 안에서 보육과정을 운영하는 교사가 주어진 환경에서 적절히 실행하고 있을 뿐이다. 조기 헤드스타트(Early Head Start)와 조기학습을 위한 사회정서 기초 센터(CSEFEL)처럼 영유아 사회정서발달을 평가하고 촉진하는 프로그램도, 정부 출연기관이나 센터도 아직은 없다. 이러한 현실은 영유아 보육교사가 자신이 담당하고 있는 학급의 영유아들에 대한 이해가 부족하게 되면 보편적으로 두드러지게 나타나는 영유아의 발달에 초점을 맞추어 비체계적이고 최소한의 보육 활동에만 국한되는 문제점으로 이어지고 있다(심성경 · 김은아, 2008). 따라서 영유아 사회정서발달에 대한 교사의 이해 및 인식이 중요하며 영유아의 사회정서발달은 연령이 아닌 개월 수에 따른 변화가 크므로 월령에 따른 세분화된 교수계획이 필요하다. 또한 영유아의 발달은 개인에 따라 그리고 개인 내에서도 차이가 크므로 영유아의 개별적 특성과 차이에 맞는 평가 및 개별화 교수학습 활동이 필요하다.

이러한 맥락에서 볼 때에 영유아의 사회정서행동 진단평가는 교사들이 영유아의 특정한 행동을 좀 더 잘 이해할 수 있도록 해주며, 교사와 부모를 도와주는 중요한 수단이 될 수 있다. 또한 교육현장에서 영유아의 사회정서 행동에 대해 교사들이 초기 개입자로서의 적절한 전략을 사용하면 이후의 심각한 사회정서적 문제행동을 감소시킬 수 있음을 보여준다. 이에 본 장에서는 영유아의 사회정서행동을 평가하여 문제들을 밝히고, 그에 따른 적절한 개별화 삽입교수 활동을 영유아교육과정에서 실행하여 사회정서발달적으로 위기에 있는 영유아들을 도와주고자 한다.

|출처| http://www.modernmom.com/blogs/kim-kaplan/do-you-have-a-child-with-autism-learn-all-about-iep

|출처| http://theparentingplayground.com/category/child-advocacy/

2) 영유아 사회정서행동을 위한 개별화 교육의 개념

개별화 교육은 유아마다 독특한 세계와 능력이 있음을 인정하고 존중하며, 유아의 흥미, 활동에 대한 이해 및 참여도, 자발성 등을 고려하여 유아의 학습속도에 맞게 개별적으로 학습 활동을 수행하도록 하는 교육이다(상성진, 2005). 개별화 교육 프로그램이란 발달과 학습에 있어서 유아가 보이는 개인차로 인하여 단일 교육과정으로는 이들의 요구를 충족시킬 수 없기 때문에 교육을 계획하고 실시할 때에 개별 유아의 발달에 적합한 프로그램을 계획하고 실행하는 것을 의미한다(Allen & Cowdery, 2008). 따라서 개별화는 첫째, 교육과정의 내용이 개별 유아에게 맞추어지는 정도, 둘째, 유아의 기술 습득과 사용에 영향을 미치기 위하여 실행되는 교수적 조작의 정도, 셋째, 이와 같은 조작이 유아의 요구에 수행을 근거로 조정되는 정도 등 세 가지 기본적인 개념에 따라 정의된다(이소현, 2011).

유아의 개별화 교육을 위해서는 개개 유아를 파악하는 것이 중요하다. 교사는 개별 유아의 건강, 현재 발달수준(인지, 사회정서, 신체, 언어), 가족, 가정, 기질, 요구, 능력, 선호하는 것과 싫어하는 것 등을 알아야 한다. 이러한 정보에 근거하여 교사는 개개 유아의 독특한 특성과 관련하여 교수 전략을 계획해야 하며, 새로운 교육목표를 설정하고 지속적으로 개별화된 교수 전략을 만들어 가야 한다. 특히 개별적 교육 전략은 영유아의 사회정서행동을 이해하고 지도하는 데 유용하다.

3) 영유아 사회정서행동을 위한 개별화교육계획

개별화교육계획이란 목표의 재설정이 용이하도록 주기적으로 검토되고 평가되는 개별 교육과정을 상세화한 일련의 계획이다(이유훈 · 권주석 · 김용한, 1999). 개별화교육계획은 각 유아의 교육적 활동에 대해 어떻게, 누구와 무엇을 가지고 수행될지에 대한 방향을 결정하는 근거가 된다. 또한 개별화교육계획은 교수의 방향을 제시해주고, 평가의 기초로서 기능을 하며, 교사, 부모, 기관 그리고 교사와 유아 간의 프로그램을 계획하고 수행하도록 해준다(Polloway & Patton, 1993).

영유아의 사회정서행동을 이해하고 그에 적합한 개별화 교육을 실시하기 위해서는 발달에 적합한 실제에 관련시켜 개별화교육계획(IEP: Individualized Education Plan)으로 접근하는 것이 필요하다. 사회정서행동에 적용한 개별화 교수 방법으로서의 IEP는 다음과 같다(이윤옥, 2000).

- 영유아의 사회정서행동에 대한 현재 발달과 성장 수준을 기록한다.
- 영유아의 사회정서적 요구에 맞춰 특별히 설계된 프로그램 내 모든 분야에서 수행되어야 할 교육적 수행계획을 연간목표로 기술한다.
- 사회정서행동에 대한 단기적인 교육목표를 기술한다. 여기에는 기준, 평가 절차, 그리고 그 기준과 평가 절차와 그 목표들이 달성되었는지의 여부를 결정하기 위한 평가측정을 포함하는 계획표를 구성한다.
- 사회정서행동과 관련하여 특별한 교육적 서비스와 이에 필요한 교육적 매체나 자료들을 포함시켜 영유아가 필요로 하는 특별한 서비스에 대한 사항을 상세히 기록한다.
- 사회정서행동에 대한 교육적 서비스를 실행하는 계획된 일정과 참여기간을 정한다.
- 영유아가 지녀야 할 사회정서행동 상태의 유형에 관한 정당한 사유를 명시한다.

영유아의 사회정서행동을 이해하고 분석하며, 그에 따른 개별화교수계획의 작성은 다음과 같다(이소현, 2011; 장혜성 · 김수진 · 김지영, 2010).

구분	내용
사회정서 문제행동 선별	• 영유아의 요구와 상태를 지속적인 관찰 • 현재의 사회정서 혹은 문제 발생가능성이 있는 문제 선별 • 이후의 평가가 필요한지를 파악하기 위한 목적
사회정서행동 개별 진단	• 사회정서행동 검사도구 활용/행동 관찰 • 사회정서행동 수행평가 • 일과 적응평가 • 영유아 건강과 발달 상태 검토 • 부모 면담 • 가족 관련 정보 수집
사회정서행동 개별 교육목표 설정	• 사회정서행동 현재 수준에 근거한 장·단기 교육 우선 순위 결정 • 가족의 요구와 자원 반영 • 사회정서행동에 대한 조작적 정의: 목표 행동 구체화, 교수계획, 성취 기준의 구체화
사회정서행동 개별 교수실행	• 사회정서행동에 대한 개별적인 목표의 일과 및 활동 내 삽입교수 • 삽입교수 시 가능한 자연스런 맥락으로 접근 • 영유아의 선호도와 흥미를 최대한으로 활용 • 영유아의 시도 존중
사회정서행동 개별 교육목표평가	• 사회정서행동 관련 정보 및 자료에 근거한 의사결정 • 영유아의 사회정서행동 변화에 따른 교육계획 수정 및 보완 • 진단–평가로 연계 순환

그림 3-1 영유아 사회정서행동 개별화교육계획안

4) 영유아 사회정서행동 개별화교육계획 수행 지침

개별화교육계획은 영유아의 개인적인 특성에 의해서 뿐만 아니라 교사의 교수 능력에 따라 성패가 좌우된다. 즉, 교사들의 개별화교육계획에 대한 수행 능력에 따라 교육의 질이 판가름 나기 때문이다. 따라서 교사는 개별화교육계획에 대한 수행 능력과 그것을 실제 수업에 활용하고 평가할 수 있는 전문가적인 능력을 갖추고 있어야 한다.

헤드스타트(Head Start) 프로그램의 개별화 교육에서는 개별화교수계획을 효과적으로 수행하기 위해서 다음과 같은 교사의 수행 지침을 제안하였다(이윤옥, 2000).

- 각각의 영유아에 대해 학습해야 한다. 이는 개별화 교육의 첫 단계에 해당한다.
- 필수적인 동반자 관계를 만들어야 한다. 즉, 가족과 교사가 함께 협력해야 한다.
- 하루 일과 속에서 개별화를 진행해야 한다. 이는 역동적인 과정임을 의미한다.
- 영유아의 발달에 반응해야 한다. 이는 개별화 교육이 지속적인 과정임을 의미한다.
- 영유아들은 각자 가족과 문화가 서로 다른 배경 속에서 성장하며 독특한 특성을 지니게 되며, 발달의 개별적인 속도에 따라 새로운 개념을 학습하고 배운다. 따라서 교사는 영유아가 발달에 적합한 사회정서행동을 학습하고, 영유아기의 발달과업인 사회정서발달을 촉진할 수 있도록 개별화교수계획을 수행해야 한다.

| 출처 | http://www.autism-community.com/education/

5) 영유아 사회정서행동을 위한 개별화 삽입교수

삽입(embedded)교수란 영유아의 일상생활 활동 속에서 교수가 될 수 있는 목표를 의미한다(Squires & Bricker, 2007). 삽입학습 기회는 월러리 등(Wolery et al., 2002)에 의하면 유아의 발달에 적합하고 계속되는 일상생활 속에서 적용되는 교수법이다. 또한 프레티-프런잭과 브리커(Pretti-Frontczak & Bricker, 2004)에 의하면 유아의 발달에 적합하고 기능적인 기술을 습득시키고 일반화시키기 위해서 아동의 개별화된 교육목적과 목표를 연습할 수 있는 기회를 반복적이고 다양한 일상생활 속에 가르치는 것이다. 삽입교수의 개념은 다음과 같은 특징을 지니고 있다(이소현, 2007).

- 삽입교수는 하루 일과와 활동 중 삽입된 학습 기회를 이용한다. 여기서의 삽입은 영유아에게 의미 있고 흥미로운 활동이나 사건을 확장하거나 수정하는 방법으로 활동이나 사건 내에서 이루어지는 개별적인 장 · 단기 교수목표를 연습할 기회가 주어지는 과정을 의미한다.
- 삽입교수는 학습 기회가 충분히 주어지도록 계획되고 실행되어야 한다. 각각의 삽입된 학습 기회는 진행 중인 활동 및 일과 중의 짧은 교수적 상호작용을 통해 제공되며 이러한 교수 활동은 하루 일과 전체에 있어서 가능한 한 자주 삽입될 수 있어야 한다.
- 삽입교수는 체계적인 계획과 실행을 필요로 한다. 진행되는 일과와 활동 중에 교수를 삽입하여 실행하기 위해서는 사전에 교수 계획을 수립해야 하며, 특히 영유아의 시도를 이끌어내기 위한 전략, 환경적 구조화, 교사들의 행동과 말, 사용할 교재 등을 사전에 구체적으로 계획해야 한다.

구체적인 삽입교수의 실행 절차 및 적용 원리는 다음과 같다.

표 3-1 삽입교수의 실행 절차 및 적용 원리

단계	절차	적용 원리
1단계	개별화 교육 프로그램과 활동목표의 검토 및 수정	• 일과 활동과 계획된 활동 모두에 삽입이 가능하도록 계획 • 하루 일과 전반에 걸쳐 다양한 활동에 삽입 • 습득해야 하는 새로운 기술과 유지 및 일반화 대상인 습득 기술 모두 교수
2단계	학습 기회 구성을 위한 활동기술 도표 작성	• 교실 활동 분석을 통하여 삽입교수가 가능한 기회 판별 및 조성 • 교수가 자연스럽게 삽입될 수 있는 일과 및 활동 선정 • 하루 일과 전체를 통해서 교수목표를 연습할 충분한 기회 제공
3단계	삽입교수 계획	• 삽입교수 시 가능한 자연스런 맥락으로 교수 • 영유아의 선호도와 흥미를 최대한 활용 • 영유아의 시도 존중
4단계	삽입교수 실행 및 진도 점검	• 학습 기회가 실제로 제공되었는지 평가 • 영유아의 성취에 대한 정기적인 진도 점검 • 의사결정 시 진도에 대한 체계적인 자료 활용
5단계	교수 방법 또는 목표 수정	• 자료에 근거한 의사결정 • 유아의 성취도에 민감한 의사결정

|출처| 이소현(2007). 유치원 통합교육을 위한 개별화 교육과정의 개발 및 실행 방안 고찰. 유아특수교육연구, 7(2).

스콰이어스와 브리커(Squires & Briker, 2007)는 삽입교수가 효과적이기 위해서는 활동이 실제적이고, 문화적으로 적합해야 하며, 발달에 적합해야 하며, 영유아의 흥미와 관심을 고려해야 한다고 강조하였다. 또한 활동은 영유아 중심으로 이루어지고 하루 일과 속에 포함되어야 하며, 계획된 다양한 활동이어야 한다고 하였다. 이에 따른 단계는 다음과 같다.

- 교육목표 당 1~2개의 활동을 선정하기
- 삽입교수 기회를 확인하기
- 삽입교수 기회 시범 보이기
- 다수의 다양한 학습 기회 제공하기

오덤 등(Odom et al., 2002)은 삽입학습을 실행하기 위한 구체적인 전략을 3단계로 제시하였다.

- 영유아의 학습목표를 선정하고 수정해야 한다. 영유아의 개별화 교육 프로그램의 교수목표를 교실 내에서 효과적으로 교수할 수 있는 교수목표로 수정해야 하는데, 여기서 교수목표는 활동과 동일한 개념이 되어야 한다.
- 교수목표를 학습할 수 있는 학습 기회를 구성해야 한다. 이 단계에서 교사는 이미 계획된 활동 중에서 보다 교수목표를 효과적으로 달성할 수 있도록 하는 활동을 변별하여 교수전략 및 연습할 기회를 제공해야 한다.
- 삽입교수를 계획하고 실행하고 평가한다. 계획된 삽입학습 기회를 영유아에게 적용하기 위해 삽입 교수계획안에 구체적인 교수 전략을 세워 실제로 교수를 실행하고 평가한다.

6) 영유아 사회정서행동 개별화교육계획 수행을 위한 교사 역할

영유아 교육현장에서 지침이 되고 있는 NAEYC에서는 의사결정자로서의 교사 역할을 특히 강조한다. 이러한 의사결정에는 영유아에 대한 보편적인 발달지식, 영유아 각자에 대한 개별적인 지식, 영유아의 가족이 속한 사회문화적 맥락에 대한 지식에도 기초를 두어야 한다는 것이다(Bredekamp & Copple, 1997). 이에 따른 교사의 역할은 다음과 같다.

- 교사는 영유아의 요구, 흥미, 기대, 의견들에 대해 즉각적으로 직접적으로 반응하며 개별 영유아의 독특한 반응 유형과 정도에 따라 수용하고 이해한다.
- 영유아와 의사소통의 기회를 자주 갖는다.
- 교사는 영유아가 필요로 할 때 도움을 주며 주의 기울이기, 신체적인 친밀감 형성, 언어적 격려 등의 방법을 활용하여 영유아에게 과제를 성공적으로 수행하도록 도

와준다. 영유아의 학습은 시행착오 과정을 통해 이루어지며 잘못된 개념은 사고의 발달정도를 시사해줌을 인식한다.

- 교사는 영유아의 행동 뒤에 가려진 스트레스의 징후를 알아차리며 적절한 해소 방법을 알아야 한다.
- 교사는 영유아에게 편안함을 제공해주고 영유아를 존중하고 수용하는 태도로 대함으로써 영유아의 자기 존중감을 발달시켜준다.
- 영유아의 자기 조절 능력의 발달을 촉진시켜준다.
- 학급을 맡고 있는 교사는 영유아의 보호와 교육에 대한 일차적인 책임을 갖는다. 계획된 학습경험에서 뿐만 아니라 일상적인 생활경험 속에서도 영유아의 기본 생활습관과 독립적인 행동기술의 발달을 강조한다.

코스텔릭 등(Kostelnik et al., 2009)은 영유아의 사회정서적 유능성을 위한 교사 역할을 촉진하기 차원과 행동의 차원으로 제안하였다.

첫째, 정서적으로 지원해주는 교사-영유아 관계를 형성하는 것이 촉진이다. 영유아는 심리적으로 안전하고 안정되었다고 느낄 때에 가장 잘 배운다(Goleman, 2006). 교사가 영유아와 긍정적 관계를 맺는 데 있어 공감, 온정, 존중, 수용 및 진정성 등이 필요하며, 이러한 요인들이 교사가 영유아의 사회정서적 유능성을 촉진하는 데 필요하다.

둘째, 영유아의 사회정서행동에 대한 교사 역할은 영유아가 바람직한 행동을 유지하고, 적절하지 못한 행동은 더 적합한 행동으로 수정하도록 가르치는 것이다. 교사는 영유아의 행동을 유지하거나 변화하도록 돕기 위해 언어적 · 비언어적 의사소통을 사용하거나 직접적인 사회적 · 신체적 행동 또는 이들을 병행해서 사용한다. 전형적인 교수전략으로는 모델링, 즉석 코칭, 주의전환, 토론하기, 행동의 결과가 나타나도록 하기, 가르치기 등이 있다(Kostelnik et al., 2009). 영유아의 사회정서행동에 대한 개별화교수계획을 작성할 때는 어떤 방법을 사용할지, 어떻게 사용할지, 언제 사용할지, 어떤 변화를 줄 것인지 등이 고려되어야 한다.

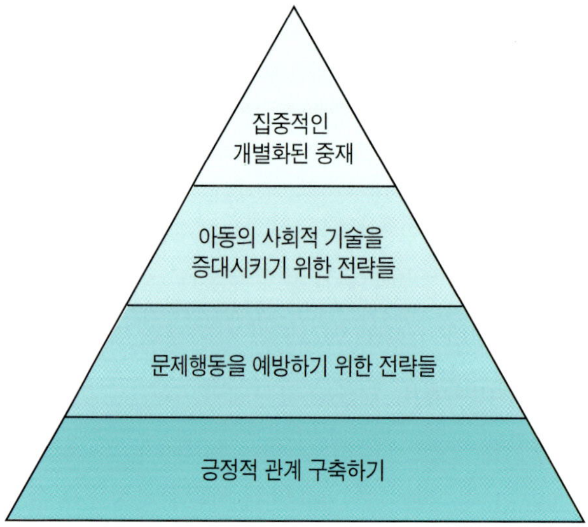

그림 ❸-2 영유아의 사회적 행동 지도를 위한 교수 전략

| 출처 | Fox, Dunlap, Hemmeter, Joseph, & Strain(2003). Young Children, 58(4).

영유아의 사회정서행동에 대한 개별화교육계획을 수행하기 위한 교사의 역할은 다음과 같다.

표 ❸-2 영유아 사회정서행동에 대한 개별화교육계획을 수행하기 위한 교사 역할

교사 역할	교수 전략	교수 실제
영유아 정서적 행동을 위한 교사 역할	정서적 반영 사용하기	• 말하기 전에 영유아를 주의 깊게 관찰한다. • 영유아가 보이는 여러 가지 정서에 민감하게 반응한다. • 영유아가 경험하는 정서를 무비판적으로 평가한다. • 관찰한 정서를 영유아에게 이야기할 때는 짧은 문장으로 말한다. • 다양한 감정단어를 사용한다. • 영유아의 정서를 받아들일 수 없더라도 이해한다.
	정서 이해 및 정서에 관한 의사소통 기술 향상시키기	• 정서에 대해 토론하기 위해 이야기, 책, 노래를 이용한다. • 교사 자신의 감정에 관해 말하면서 시범을 보여준다. • 영유아가 타인에게 언제 자신의 정서를 말해야 하는지 알 수 있도록 도와준다. • 영유아가 자신의 정서에 대하여 말할 수 있도록 다양한 각본을 제시해 준다. • 행동단서를 통해서 타인의 정서를 이해하도록 돕는다. • 타인의 정서를 유발하는 상황 단서에 주의를 기울이도록 한다. • 영유아가 혼합된 정서를 구분하도록 도와준다. • 영유아와 가족이 표현하는 정서 표현의 문화적 차이에 대해 알려고 노력한다.
	강렬한 정서에 대처하도록 도와주기	• 영유아의 강렬한 정서는 인정하지만 파괴적인 행동은 못하게 한다. • 슬퍼하거나 두려워하는 영유아는 위로해 준다. • 영유아의 강렬한 정서를 더 잘 조절할 수 있도록 사건을 다시 해석해 준다. • 새로운 상황에서 영유아가 불안하여 강렬한 반응을 할 수 있다는 것을 예측한다. • 영유아가 두려워하는 상황에 점차적으로 접근하도록 한다. • 영유아가 사용할 수 있는 정서 조절 전략을 가르쳐준다.
	가족과 정서에 관해서 의사소통하기	• 영유아가 유아교육기관에서 보이는 정서에 대해 부모에 알려준다. • 부모에게서 영유아의 가정 내 정서생활에 대한 정보를 얻는다. • 부모가 영유아의 전형적인 정서발달을 잘 이해할 수 있도록 도와준다. • 부모가 표현한 정서에 주의를 기울인다.

교사 역할	교수 전략	교수 실제
영유아 사회적 행동을 위한 교사 역할	영유아의 개별적인 요구 발견하기	• 영유아의 사회적 행동을 해석하기 위하여 영유아의 전형적인 발달 특성과 행동에 대한 지식을 활용한다. • 자신이 보육하는 모든 영유아의 기질과 경험을 고려한다. • 영유아가 성장함에 따라 변화하는 욕구에 보조를 맞춘다.
	탐색과 학습 격려하기	• 놀이감과 교사의 상호작용을 통해 환경을 탐색할 수 있도록 한다. • 성공할 때마다 칭찬해준다. • 놀이하는 동안 영유아 옆에서 탐색을 격려한다.
	온정과 배려 보여주기	• 영유아와 팔이 닿을 정도로 가까이 서거나 앉는다. • 영유아와 얼굴이 같은 높이에 있도록 앉거나 선다. • 평소 긍정적인 얼굴 표정을 보인다. • 영유아의 말에는 가능한 빨리 반응하고 듣는 데에 많은 시간을 투자한다. • 영유아와 자주 대화한다.
	효과적인 칭찬하기	• 영유아의 노력과 성취를 인정하는 행동반영을 한다. • 영유아의 긍정적인 변화에 주목한다. • 영유아의 행동이 타인에게 미치는 긍정적인 영향을 지적해 준다. • 영유아가 만들어 낸 것만이 아니라 무엇인가를 하려는 노력의 긍정적인 측면에 초점을 맞춘다. • 정직하게 칭찬하고, 영유아에게 진심어린 피드백을 한다.
	또래 관계 지원해주기	• 영유아가 또래와 사회적 상호작용을 할 수 있도록 도와준다. • 영유아가 함께 놀기에 충분한 공간과 놀이감을 제공한다. • 또래 간 놀이를 확장시킬 수 있는 다양한 행위나 단어를 보여준다.
	영유아 가족 지원하기	• 부모가 영유아에 대하여 뭐라고 하는지 귀 기울여 듣는다. • 다른 교사를 위해 정보를 기록한다. • 부모가 자녀를 교사에게 맡길 때 느끼는 감정을 말할 기회를 준다. • 부모에게 개인적으로 이야기할 기회를 주기적으로 마련한다. • 주기적으로 아이에 대해 부모에게 물어봄으로써 부모가 걱정하고 있는 행동에 대해 질문할 수 있게 한다. • 관찰에 기초하여 부모에게 정확한 발달 정보를 제공한다. 부모에게 전형적으로 발달하는 행동을 알려준다. • 영유아 발달과 부모 역할뿐 아니라 지역사회의 자원에 대한 정보도 알아야 한다.

| 출처 | Kostelnik et al. (2009). Guiding children's social development and learning.

7) 영유아 사회정서행동 개별화 교육 수행을 위한 교사-영유아 상호작용

교사는 교육활동을 할 때 다양한 방식으로 영유아와 상호작용을 하며, 다양한 방법으로 활동을 수행한다. 브레드캠프와 코플(Bredekamp & Copple, 1997)은 교사가 교육활동 상황에서 하게 되는 행동을 비지시적에서부터 지시적으로 연계선상에서 교사와 영유아의 상호작용을 8가지로 분류하였다.

- 인정하기(acknowledge): 영유아가 정서적 느낌을 바람직하게 표현하고, 정서를 조절하고 사회정서적 지식을 바람직하게 활용할 때에 긍정적으로 격려해주는 것이다. 이러한 상호작용은 영유아가 자신의 정서를 바르게 표현하고 조절하며 타인을 배려하는 사회적 행동을 유지하기 위해 필요하다.
- 모델 보이기(model): 사회정서적 유능성을 향상시키기 위해서 어떤 기술이나 바람직한 행동양식을 보여주어 영유아가 모방학습을 하도록 한다. 예를 들면, 모델 보이기에서는 소리치며 말하거나 화내는 것이 바람직하지 않다고 영유아들에게 말했을 경우에는 화나는 일이 발생했을 때에 그 감정을 소리치거나 화내지 않고 적절하게 표현하는 법을 보여주는 것이다.
- 촉진하기(facilitate): 영유아가 사회정서적 기술을 배우기 위해 연습할 때에 교사가 일시적으로 도움을 제공하는 것이다. 예를 들어, 역할놀이할 때 교사가 일시적으로 놀이 상대가 되어 영유아가 자유롭게 정서 표현을 할 수 있도록 도와줄 수 있다.
- 지원하기(support): 영유아가 자신의 정서 표현과 정서의 활용을 통한 행동의 결과로서 자신이 행동이 옳은 일이었고 혹은 잘못된 일이었는지를 인식하고 긍정적 사회정서행동을 하도록 안내자 및 격려자의 역할을 하는 교수 유형이다. 예를 들어, 교실에서의 기본생활 규칙을 함께 정하고, 지킬 수 있도록 교실의 각 영역에 규칙을 붙여놓아 지원할 수 있다.
- 비계 설정(scaffold): 영유아가 자신의 생각과 느낌을 적절히 조절하여 표현하고, 다

른 사람의 느낌과 생각을 이해하여 자신의 정서를 표현하고 상황에 적절한 사회적 행동을 할 수 있도록 일깨워 주는 교수 유형이다. 영유아가 현재 능력으로는 스스로 할 수 없지만 도와주면 할 수 있는 과제를 하도록 하고 도움을 주어 발달을 촉진하는 것이다.

- 공동 구성하기(co-construct): 사회정서와 관련된 문제를 해결하거나 과제를 할 때 영유아와 협력하면서 이해하고 학습하는 것이다. 예를 들어, 실수나 갈등 상황에서 영유아가 떼를 쓰거나 친구를 때리기보다는 불쾌한 정서를 적절하게 언어적으로 비언어적으로 표현할 수 있도록 활동을 제공하는 것이다. 영유아의 사회정서행동 변화를 가져오기 위해서는 교사와 영유아가 함께 노력하는 상호작용 유형이다.
- 시범 보이기(demonstration): 교사가 어떤 행동을 하거나 활동을 하고 영유아는 그에 따른 결과까지 전 과정을 지켜보게 한다. 예를 들어, 실외놀이터에서 놀이기구 사용법을 직접 행동으로 보여준다.
- 지시하기(direct teaching): 영유아가 실수할 가능성이 거의 없도록 좁은 범위의 행동에 대해 구체적이고 직접적인 지침을 제공한다.

이방실(2012)은 영유아와 교사의 상호작용의 유형을 다음과 같이 제시하였다.

표 3-3 영유아와 교사의 상호작용 유형

구분	내용
칭찬/인정하기	• 영유아의 놀이 행동에 긍정적인 피드백을 주기 • 영유아가 하는 행동을 반영(reflection)하는 말을 해주기 • 영유아의 노력과 과정에 대해 격려하기 • 스킨십과 애정 어린 표정으로 칭찬해주기
지시/제안하기	• 영유아가 놀이에서 새로운 시도를 하게 해주기 • 놀이에 필요한 지시 사항을 전달하기 • 놀이의 다양화, 심화를 위해 다른 방법을 권유하기
도움주기	• 영유아가 스스로 하지 못하는 것을 돕기 • 도움의 양을 조절하기 • 질문을 하면서 영유아에게 도움주기
모델(시범) 보이기	• 놀이의 다양함이나 새로운 시도를 옆에서 해보이기 • 적극적인 상호작용은 없으나 놀이를 즐기는 모습 보이기 • 혼잣말을 하면서 놀이하기
함께 놀이하기	• 영유아와 친구처럼 놀이하기 • 영유아가 무엇을 원하는지 물으면서 놀아주기 • 놀이의 주인이 영유아임을 기억하고 놀아주기
기다려주기	• 영유아가 생각해 볼 수 있도록 기다려주기 • 영유아가 선택하고 결정할 수 있도록 기다려주기 • 놀이 상황의 문제를 인식할 수 있도록 재질문하기 • 미소를 보이며 영유아의 놀이 행동을 지켜봐주기

| 출처 | 이방실(2012). 영아발달을 돕는 효과적인 상호작용.

또한 김선희(2007)는 교사와 영유아의 상호작용을 다음과 같이 그림으로 제시하였다.

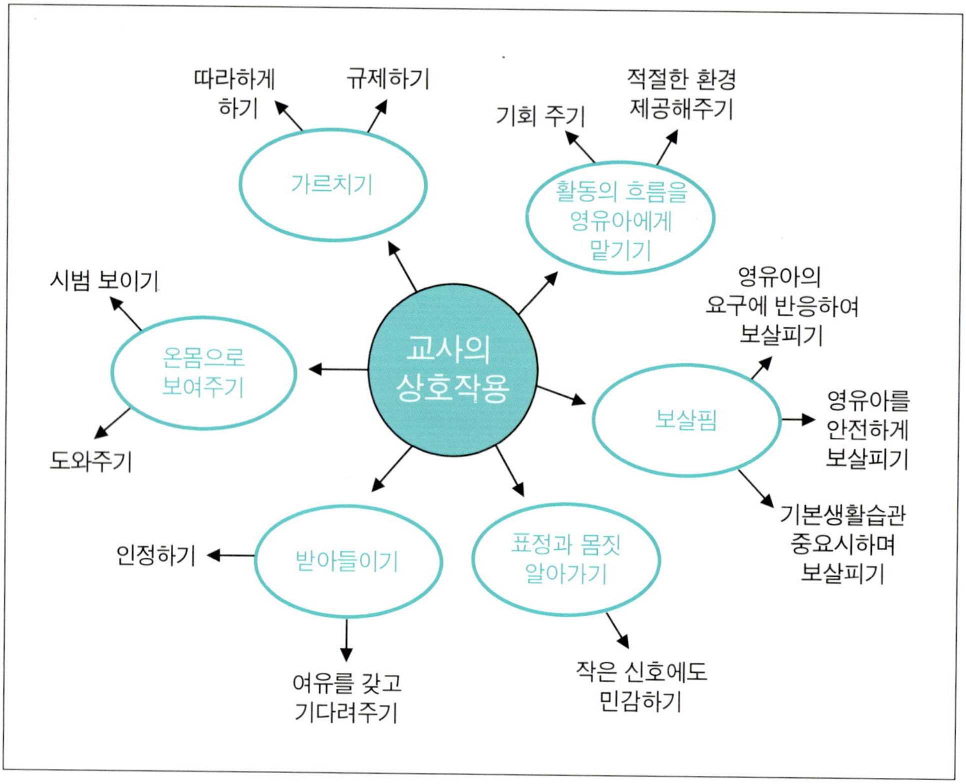

그림 3-3 교사와 영유아의 상호작용

|출처| 김선희(2007). 집단 활동에서 교사와 영아의 상호작용.

| 출처 | http://themarylhurstschool.com/classes/twos-program-parentchild/

8) 영유아 사회정서행동을 위한 환경 구성

영유아의 사회정서 발달을 돕기 위한 환경 구성은 일반 주제 중심 통합 교육 프로그램에서의 환경 구성과 유사하다. 다만 기존의 환경에 영유아의 사회정서 발달을 돕거나 우려되는 사회정서행동을 감소시키는 진행이 원활히 이루어질 수 있도록 사회정서와 관련된 활동자료와 환경을 첨가하는 것이 필요하다. 사회정서 발달 촉진을 위한 교실 환경은 영유아가 자신의 정서를 표현하며 또래와 성인의 지지적인 도움을 받고 안정적 분위기 속에 개별적으로 또는 또래와 같이 활동을 함께 할 수 있는 사회정서적인 환경이어야 한다.

교실의 교수 자료와 놀이감 선택에서 사회정서적 역량을 향상시킬 수 있고, 또래와 함께 또는 개별적으로 정서를 표현할 수 있는 교수 자료와 놀이감을 선택하여 배치되어야 한다. 이러한 구성은 실내와 실외의 특성에 따라 그리고 영유아들의 요구와 흥미에 따라 융통성 있게 배치되어야 한다.

이소현(2007)은 통합 교육 프로그램에서의 개별화 교육을 위한 환경 구성을 제시했는데, 이를 영유아의 사회정서발달 지원을 위한 환경으로 재구성하면 다음과 같다.

표 3-4 영유아 사회정서발달 지원을 위한 환경 구성

환경	영역	내용
물리적 환경	• 흥미/활동 영역 • 정서적 안정을 줄 수 있는 공간 구성 • 활동 구조 • 집단	• 흥미/활동 영역의 의도적 배치 및 구성 • 선호하는 활동 활용 • 정서적 안정을 줄 수 있는 공간 구성 • 집단의 크기 조절 • 집단의 구성 조절 • 활동 영역 제한을 통한 활동의 구조화
시각적 환경	• 일과 및 활동 시간표 • 활동 내 과제의 순서	• 일과 및 활동의 순서 조절 • 참여 가능성 증진을 위하여 활동 내 과제들의 순서 조절 및 기다려 줌 • 수행 가능하거나 가능하지 않은 활동 및 과제의 순서를 의도적으로 혼합하여 배치
사회적 환경	• 성인(교사) • 또래	• 좋아하는 인적 구성원 활용(또래, 교사) • 교사의 활동 지원 • 교사의 시범 및 강화 • 참여 및 상호작용을 잘 하는 또래와 함께 활동하도록 집단 구성 • 상황에 따른 또래와 함께 하는 활동 구성 강화 • 또래의 시범 및 강화 • 또래 도우미 활용
정서적 환경	• 성인(교사) • 활동 내 다양한 정서 이해 및 정서 표현 • 실외 활동 내 정서표출	• 기분이나 상태를 자유롭게 말할 수 있도록 분위기 및 환경 조성 • 정서 인식, 정서 이해 및 정서 표현을 위한 교사의 지원 및 비계 설정 • 부정적인 정서에 대해 적절하게 반응하기 • 분리불안 돕기 • 긍정적 정서발달을 위한 다양하고 풍부한 교수 자료 제공

| 출처 | 이소현(2007). 유치원 통합교육을 위한 개별화 교육과정의 개발 및 실행 방안 고찰. 유아특수교육연구, 7(2).

임부연 등(2008)은 영유아 발달 특성에 따라 영유아기를 위한 발달에 적합한 환경을 구체적으로 자세히 제시하였다.

표 3-5 영유아기 발달 특성에 따른 환경 구성

발달 특성	환경 내용
자율성을 위한 환경	• 영유아 크기의 가구와 자조기술을 촉진할 수 있는 영역에 대한 접근성 • 자신의 놀이감을 갖고자 하는 영유아들이 쉽게 기억해 낼 수 있는 정리 · 정돈과 배치 • 영유아가 정돈하기와 같이 책임감 있는 행동에 참여할 수 있는 기회 • 영유아들이 혼자 놀기 위해 선택할 수 있는 숨을 수 있는 장소 • 탐색을 제한할 필요가 없는 안전한 환경
운동성을 위한 환경	• 움직이며 탐색하는 영유아들의 학습 스타일과 운동 통로를 제시해 주기 위해 교실의 가구와 설비를 일원화하기 • 대근육 연습을 위해 교실 내에 공간과 설비를 제공하기 • 영유아들에게 조용한 시간을 마련해 주기 위해 교실 내에 아늑한 영역을 만들기 • 영유아의 기술 발달에 적합한 실외놀이 공간을 계획하기 • 영유아가 신체적 기술을 안전하게 발달시킬 수 있는 환경을 만들어 줌으로써 과잉보호하는 경향을 피하기
자조기술을 위한 환경	• 튼튼하고 영유아 크기에 맞는 식기와 청소하기 쉬운 영역 • 변기, 세면대, 거울로 갈 때 도움이 되는 의자 • 영유아들이 혼자서 쉽게 다룰 수 있는 옷 • 영유아들이 할 수 있는 활동이나 하고자 하는 활동을 충분히 연습할 수 있게 허용된 시간 • 긍정적이고 지지적인 교사의 태도
감각운동적 탐색을 위한 환경	• 감각운동적 탐색을 위해 변화 있는 다양한 개방적 교구를 제공한다. • 초기 모방을 위해 실제적인 장난감과 소품을 제공한다. • 능동적인 학습을 위해 적합한 영역으로 공간을 나누는 반면, 전형적인 교실환경을 단순화 한다. • 관찰하기 위한 사물들이나 사람들을 실제 경험하도록 기회를 제공한다.
일일계획과 전이시 고려 사항	• 개인의 신체적 요구에 따라 융통성 있게 조절할 수 있는 예측 가능한 일정과 순서 • 좀 더 조용하고 고정된 활동 시간 • 영유아들로 하여금 일일계획을 느끼도록 하는 비언어적 단서 • 정규 활동과 전이 시간에 영유아들이 다 참여할 수 있도록 충분 시간을 제공 • 영유아들의 기다리는 시간을 최소화하기 위한 계획된 전이 시간 제공

| 출처 | 임부연 외 역(2008). 발달에 적합한 실제: 유아교육과정과 발달.

맥윌리암과 케이시(McWilliam & Casey, 2008)은 주의산만, 배회하거나 뛰어다니는 등의 문제행동을 감소시키고 활동 참여를 증진시키는 학급배치도를 제시하였다(이소현, 2011 재인용).

- 사물함, 선반, 사물 보관함에 라벨을 붙여 물건이 어디에 있는지 알게 하고 독립적인 참여를 증진시킴
- 테이블이 가깝게 배치되어 간식/점심 시간에 또래 상호작용이 활발하게 일어남
- 활동 영역 간 분명한 구분이 있음
- 조용한 영역과 소음이 많이 나는 영역이 멀리 떨어져 배치됨
- 조용한 영역에서 영유아가 정서적으로 편안하게 쉴 수 있도록 함
- 중앙에 넓은 열린 공간이 없어 영유아들이 교실 안에서 뛰어다니거나 배회하지 않음

이를 영유아 사회정서발달을 위한 학급배치도로 재구성하면 다음과 같다.

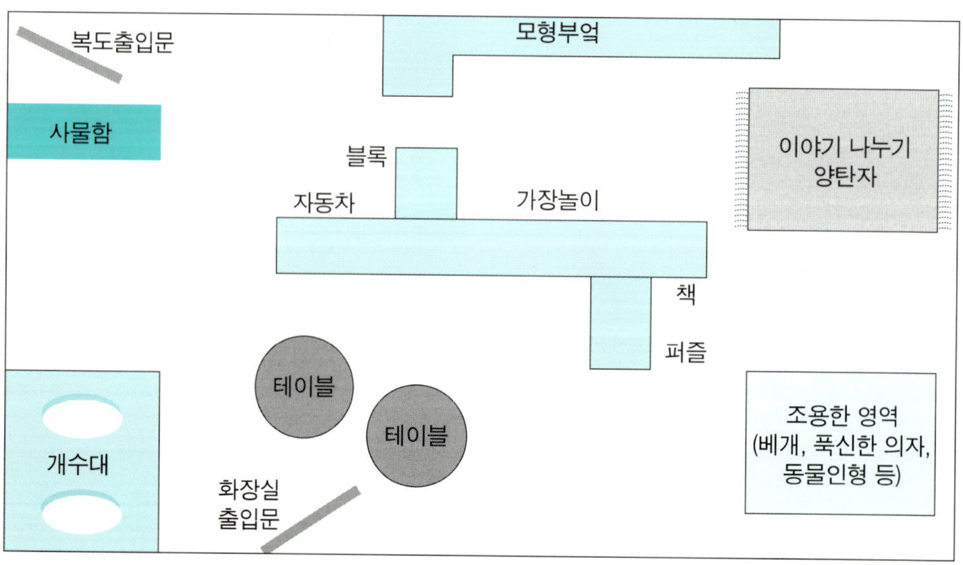

그림 ❸-4 영유아 사회정서발달을 위한 환경 구성

그린맨과 스톤하우스(Greenman & Stonehouse, 1996)는 영유아의 사회정서발달을 위한 환경 구성 시 주의 사항을 다음과 같이 제시하였다.

- 자기 조절에 대한 너무 높은 기대
- 너무 작은 공간 또는 너무 많이 개방된 공간
- 너무 적은 교구교재나 설비
- 너무 도전적이나 단순한 교구교재
- 기다리는 시간이 긴 것
- 융통성 없는 일일계획안, 공간, 일정
- 너무 많은 변화
- 너무 많은 유혹, 즉 위험한 놀이감, 장소 등
- 너무 많은 소음
- 과도하게 공유해야 하는 필수품
- 자주 오랫동안 앉아있는 경우
- 영유아가 직접 참여하는 활동 대신에 너무 많이 보고 듣도록 요구되어지는 경우

9) 영유아 사회정서행동 개별화교육계획 수행에 대한 평가

평가는 교사가 개별 영유아의 사회정서 발달에 적합한 활동을 계획하고, 평가 결과를 근거로 개별화된 교수-학습 활동을 실시하여 영유아의 사회정서 행동에 직접적인 도움을 실시할 수 있다. 구체적으로 영유아 사회정서행동 평가의 결과는 영유아를 보육하고 교육하는 교사에게 다음과 같이 활용될 수 있다(Herr & Swim, 1998).

- 영유아의 사회정서발달에 대한 현재의 수준을 파악하여 영유아의 최적의 발달을 도울 수 있다.
- 영유아에게 제공하는 사회정서와 관련된 경험의 적절성에 대해 평가할 수 있다.

이는 교사로 하여금 영유아 사회정서발달을 위한 개별화교육계획을 세우는 데 바탕이 되고, 개개 영유아의 발달 정도에 따른 놀이와 학습을 정할 수 있도록 도와준다.

- 사회정서행동평가는 시간에 따른 변화와 진전에 주목하면서 영유아의 성장과 발달을 추적할 수 있게 함으로써 사회정서발달에 대한 증거를 제공해 준다.
- 영유아의 발달적 개별성을 고려하여 특별한 도움이 필요한 영유아를 선별할 수 있다. 이때 발달적 지연이나 심각한 사회정서 문제행동이 발견되면 바로 이를 교정하고 최소화 할 수 있도록 개입할 수 있다. 또한 도움이 필요한 영유아들의 문제를 사회정서행동 유형에 따라 직접적 또는 간접적으로 적절하게 지원해 줄 수 있다.
- 영유아를 위한 행정적인 결정, 부모와의 면담 및 생활기록부 등의 평가서류를 작성하는 필요한 정보를 얻을 수 있다.

스콰이어스와 브리커(Squires & Bricker, 2007)는 영유아 사회정서행동의 선별, 진단, 교육목표 설정, 교수실행에 대한 평가 절차를 다음의 4단계로 제시하였다.

- 교수목표와 성취 기준 정하기: 교육목표를 선정하는 것이다. 평가되어야 할 목표를 선정할 때 각 목표에 대한 구체적인 성취 기준을 개발해야 한다.
- 자료 수집 방법 정하기: 자료 수집 방법에는 일화기록, 면접, 강도 기록, 빈도 기록과 같은 방법이 있다. 이중 관찰에 의한 행동빈도 기록법은 가장 많이 사용된다.
- 자료 수집가, 자료 수집 장소, 자료 수집 시기 정하기: 자료 수집가란 몇 가지 유형의 자료 수집 방법을 사용하여 실제적으로 자료를 모으는 사람을 의미한다. 자료 수집 장소는 자료가 수입되는 물리적 장소 및 활동을 의미하며, 자료 수집 시기는 자료가 수집되는 하루 몇 기간을 의미한다.
- 주별/월별/분기별로 자료를 수집하고 부모와 함께 목표 및 효과성 토의하기

2 영유아 사회정서행동을 위한 개별화 교육활동 실제

영유아 사회정서행동 개별화교수계획의 과정은 사회정서발달 영역의 행동목록, 일상적인 자연스런 환경에서 교사, 또래와의 상호작용에 영향을 미치는 정보를 수집하는 것이다. 영유아 사회정서행동 개별화 교육 수행과정은 다음과 같다.

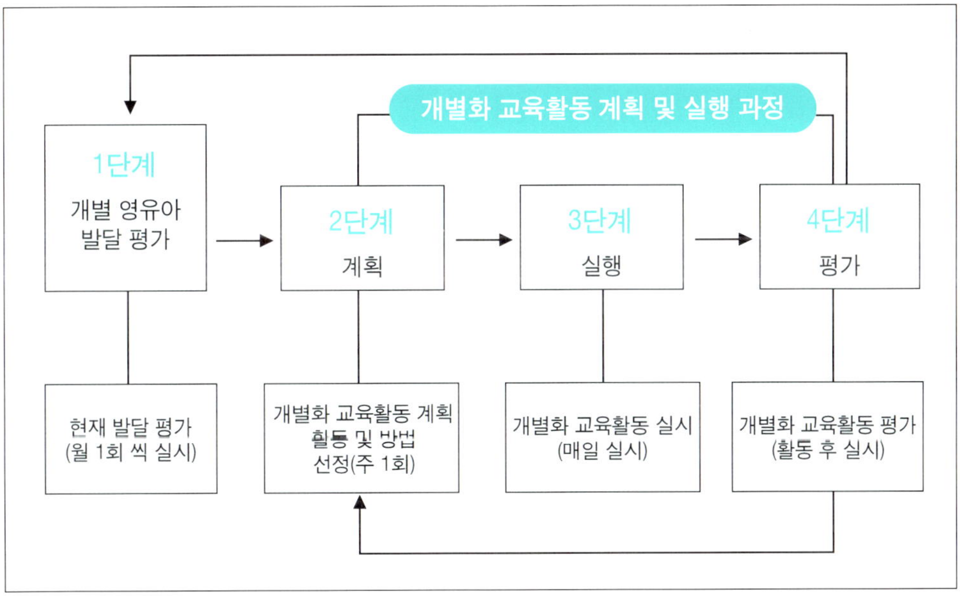

그림 3-5 개별화 교수-학습 활동의 계획 및 실행 모형

1) 영유아 사회정서 문제행동 선별

- 문제의 소지를 가진 영유아 파악
- 현재의 사회정서 혹은 문제 발생 가능성이 있는 문제를 선별
- 이후의 평가가 필요한지를 파악하기 위한 목적

다음은 만 1~2세 반의 교사들이 보고한 사회정서행동 문제와 관련된 사례이다(이방실, 2012).

- 며칠 전 소리탐색을 위해 감각-탐색 영역에 여러 가지 냄비, 그릇들을 두고 두드려 보는 활동을 했습니다. 그런데 한 아이가 소리를 탐색하기보다는 제멋대로 마구 시끄럽게 두들기만 했습니다. 시끄럽다고 그만하라고 해도 멈추려 하지 않았어요. 조용한 아이들까지 그 소란에 동참하여 너무 속상했어요.
- 저희는 만 2세 반인데요. 점토를 가지고 놀이를 했는데, 한 아이가 점토를 계속 주무르기만 하는 거예요. 함께 무엇을 만들고 싶은지 물어도 대답이 없고 이럴 때는 어떻게 해야 할지 모르겠어요.
- 만 20개월 된 여아가 자신이 좋아하는 인형을 매일매일 업고만 다닙니다. 다른 놀이를 할 때도 그 인형을 업고 다니려고 하고 다른 친구가 갖고 싶어 해도 주지를 않습니다. 어떻게 해야 할까요?
- 만 34개월 된 남아가 매일 쌓기 영역에서만 놀이를 합니다. 그것도 매일 같은 자동차만 바닥에 굴리면서 혼자 놀이합니다. 가끔은 다른 친구가 놀이하는 것을 자동차로 쳐서 망가트리는 일도 있습니다. 친구를 괴롭히지 말라고 말을 해도 행동에 변화가 없어요.
- 만 19개월 된 남아가 자꾸 친구를 물어요. 이 아이는 친구가 자기를 방해하면 바로 주먹이나 발이 나가 넘어트리거나 물어버려야 직성이 풀리는 것 같은 아이예

요. 물지 말라고 엄하게 이야기하면 울어버리네요. 어떻게 해야 하나요?

- 만 1세 반을 맡고 있어요. 배변 훈련이 된 아이가 갑자기 며칠 전부터 소변을 실수하거나 대변을 서서 그냥 누고는 합니다. 어떻게 해주어야 하는지 모르겠어요.
- 만 20개월 된 영아는 매번 놀이 시간 중에 졸거나 잠투정을 해서 칭얼거려 힘이 듭니다. 하루 일과의 낮잠 시간은 3시간도 더 남았는데 어떻게 해야 하는지요?
- 편식을 하는 아이가 있습니다. 자기가 싫어하는 나물이 나오면 입을 다물고 씹지도 삼키지도 않습니다. 이럴 때 어떻게 해야 할까요?
- 등원하면서 엄마와 헤어지기 싫어서 격렬하게 울면서 반항하는데 어떻게 해야 하나요?
- 놀이를 다 마치고 정리 · 정돈 시간에 한 아이가 정리를 하지 않습니다. 아무리 정리 · 정돈을 하라고 말을 해도 정리를 하지 않습니다. 왜 그럴까요?

2) 영유아 사회정서행동 개별 진단

- 사회정서행동 검사도구 활용/행동관찰
- 사회정서행동 수행평가
- 일과 적응평가
- 관련 교사 및 부모 면담을 통한 정보 수집
- 가족 관련 정보 수집

표 3-6 영유아 인적 사항 및 부모면담 결과 보고서 예

<table>
<tr><th colspan="6">인적 사항</th></tr>
<tr><td>유아 이름</td><td colspan="5">POO (남)</td></tr>
<tr><td rowspan="2">유아 나이</td><td colspan="2" rowspan="2">27개월 (2010. 3.)</td><td rowspan="2">(만 2세)</td><td>입학일</td><td>2012년 3월 8일</td></tr>
<tr><td>재원 경력</td><td>3개월</td></tr>
<tr><td rowspan="5">가족 관계</td><td>관계</td><td>연령</td><td>학력</td><td>직업</td><td>기타 사항</td></tr>
<tr><td>아버지</td><td>50세</td><td>중졸</td><td>버스 기사</td><td>• 근무 시간이 새벽 4시부터 오후 3시</td></tr>
<tr><td>어머니</td><td>46세</td><td>중졸</td><td>주부</td><td>• 서울에서 이사 오면서 우울감 증가</td></tr>
<tr><td>형</td><td>23세</td><td>대학</td><td>학생</td><td></td></tr>
<tr><td>형</td><td>20세</td><td>대학</td><td>학생</td><td>• 군복무 중</td></tr>
</table>

<table>
<tr><th colspan="3">부모면담 결과 보고서</th></tr>
<tr><td rowspan="3">신체</td><td>건강상태</td><td>• 신체가 건강하고 잘 먹고 잘 잔다.</td></tr>
<tr><td>키, 몸무게</td><td>• 92cm, 14kg</td></tr>
<tr><td>선호/기피 음식</td><td>• 아직 젖병에 우유, 두유를 먹는 것을 선호</td></tr>
<tr><td rowspan="4">신변 처리</td><td>활동성</td><td>• 활동성이 매우 높고 빠르다. 아이와 동반 외출을 자제</td></tr>
<tr><td>의복 입기</td><td>• 혼자 의복 입기가 불가능
• 엄마가 입힐 때도 가만히 있지 못함</td></tr>
<tr><td>배변</td><td>• 기저귀를 착용, 소변/대변 훈련 시작하지 않음</td></tr>
<tr><td>손 씻기</td><td>• 물장난과 뛰어다니는 것 때문에 위험하여 혼자 손 씻기를 지도해 본 적 없음</td></tr>
<tr><td>언어</td><td>말하기/듣기/의사소통</td><td>• 정확한 음절의 단어는 "엄마", "아빠", "아야!"
• 이야기를 듣는 것에 집중하지 못하고 의사소통 힘듦</td></tr>
<tr><td>사회성</td><td>친구/타인과의 관계</td><td>• 친구/타인들에게 관심이 없는 편임
• 타인의 행동을 관찰하나 짧고 이후 행동 옮김이 없음</td></tr>
<tr><td rowspan="2">정서</td><td>기본 정서</td><td>• 즐거움과 두려움, 짜증이 반복적으로 나타남
• 물건을 던지는 행동을 즐겨함</td></tr>
<tr><td>정서 표현</td><td>• 자기 뜻대로 되지 않을 때 물건 던지거나 소리 지름</td></tr>
<tr><td rowspan="2">등 · 하원</td><td>등 · 하원 시간</td><td>• 오전 8시 30분~오후 5시</td></tr>
<tr><td>입학 전 경력</td><td>• 없음</td></tr>
</table>

표 ❸-7 영유아(P○○) 사회정서행동 진단 요약지

기준			내용	작성 일시	강점	우려	계속 주시	목표로 선정
사회정서성	주의집중	1	오랜 시간 동안 집중할 수 있다. (TV 보기 제외)	5/10			V	
		2	10분 또는 그 이상 한 가지 장난감이나 물건을 가지고 혼자서 놀이한다.					V
		3	교사가 책을 함께 보고 있을 때 교사가 지적하는 그림을 유아가 명명할 수 있다.					V
		4	새로운 것을 배울 때 주의집중을 잘 한다.				V	
		5	같이 놀아주면 10분 이상 주의집중을 하며 논다.			V		
		6	교사의 시선이 있는 쪽을 따라간다.			V		
	자아 인식	7	자신 혹은 다른 사람을 간단한 그림으로 나타낸다.	5/10				V
		8	자신의 성을 알고 있다. "나는 여자야."				V	
		9	대명사를 사용하여 본인에게 관심을 갖도록 시도한다. "나와 놀자", "나는 배가 고파!"					V
		10	"내가 커", "내가 할 수 있어" 등의 모습이나 행동, 능력을 말할 수 있다. (예 블록을 집을 짓고 나서 "내가 만들었어!"라고 짧게 말한다.)				V	
		11	자신의 신체적 특징을 말로 표현한다.					V
	정서 조절	12	신나고 흥분되는 활동 후 스스로 앉아서 진정한다.	5/10			V	
		13	화가 났을 때 또는 두려울 때 자신의 감정을 행동이나 말로 표현할 줄 안다.					V
		14	놀이 중에 하지 말라고 하면 억제하는 편이다. (예 블록놀이 중 블록을 던질 때 하지 말라고 하면 그만한다.)					V

기준		내용		작성 일시	강점	우려	계속 주시	목표로 선정
사회정서성(계속)	정서 조절(계속)	15	위험한 행동을 하려고 할 때 하지 말라고 하면 억제하는 편이다.					V
		16	활동이나 놀이를 더 하겠다고 말하지만 교사가 다음에 하자고 하면 조르지 않고 기다리는 편이다.				V	
		17	교사가 내 준 과제나 부탁한 일이 있으면 그것을 마친 후 친구들과 놀이를 하는 편이다.			V		
		18	놀이 중 또래가 가지고 놀이하는 장난감을 가지고 싶지만 다른 장난감을 이용하여 놀이한다.			V		
		19	간식 시간에 대부분 자리를 지키며 차례를 기다린다.			V		
		20	유아는 기본생활 규칙을 스스로 지킨다. (예 손 씻기, 이닦기, 줄서기, 뛰지 않기 등)				V	
		21	블록을 끼우려다 또래와 싸워서 화가 나지만 다른 놀이에 즐겁게 참여한다.		V			
		22	정리 · 정돈, 순서 기다리기, 개인 규칙 지키기 등 스스로 놀이 규칙을 잘 지킨다.					V
		23	그림을 그리다가 또래가 블록 영역에서 놀이하자고 권유할 때 그림을 다 그리고 이동하여 놀이한다.			V		
사회적 관계	사회적 행동	24	친한 친구를 만났을 때 반갑게 인사를 한다.	5/10	V			
		25	교사가 교실에 들어오면 교사와 눈을 맞춘다.		V			
		26	친하게 지내고 싶은 아이에게 친밀감 있게 다가간다. (예 웃거나 장난감을 주거나 껴안는다.)			V		

기준		내용		작성 일시	강점	우려	계속 주시	목표로 선정
사회적 관계(계속)	친사회적 행동	27	또래가 놀이 중 다쳤을 때 위로해 준다.	5/10		V		
		28	놀이를 번갈아가며 차례대로 할 수 있다.			V		
		29	친구가 싫어도 참고 싫어하는 친구와도 함께 놀이한다.			V		
		30	또래에게 자기 간식을 나누어 준다.			V		
		31	다른 아이들의 이야기를 잘 들어준다.				V	
		32	다른 아이에게 양보를 잘 한다.				V	
		33	어려움에 처한 아이를 도와준다.			V		
		34	놀이 중 또래 장난감을 달라고 요청하면 장난감을 또래에게 나누어준다.				V	
내면적 문제행동	격리불안	35	아이를 안아주지 않고 있지 않을 때 안아달라고 팔을 뻗는다.	5/10		V		
		36	아이가 긴 시간 동안 징징거리거나 울거나 짜증을 낸다.		V			
		37	새로운 장소 탐색 시 당신이 가까이 있는지 끊임없이 확인한다.			V		
		38	심하게 울 때는 팔을 휘젓거나 발을 구르며 몸을 흔든다.			V		
		39	특별한 일이 없이 언짢아하고 보채면서 교사에게 매달린다.		V			
		40	교사의 도움이 필요하지 않을 때조차도 도움을 요청한다.		V			

기준			내용	작성 일시	강점	우려	계속 주시	목표로 선정
내면적 문제행동(계속)	우울 · 위축	41	쉽게 지루해 하고 놀이에 흥미를 나타내지 않는다.	5/10				V
		42	불안해하고 신경질적이다. (예) 손톱을 물어뜯는다.)			V		
		43	집단에서 떨어져서 따로 혼자 있다.			V		
		44	다른 아이들이 같이 놀자고 해도 응하지 않는다.				V	
		45	집단 활동을 하는 동안 말을 하지 않거나 거의 상호작용을 하지 않는다.				V	
외면적 문제행동	반항성	46	심하게 떼를 쓴다.	5/10		V		
		47	자기 뜻대로 안되면 소리를 지르거나 공격적으로 행동한다.					V
		48	고집이 세다.				V	
		49	하던 일이 안되면 큰소리로 울거나 발을 구른다.				V	
	또래 공격성	50	다른 친구를 신체적으로 때리고, 밀고, 발로 차거나 깨무는 행동을 한다.	5/10	V			
		51	힘이 없는 아이를 못살게 군다. (예) 발로 차거나 꼬집거나 깨무는 행동 등)		V			
		52	다른 아이의 놀이를 망가뜨리거나 어지럽혀 방해를 한다.					V
		53	다른 아이와 갈등이나 싸움이 자주 생기는 편이다.				V	
		54	다른 아이들보다 무엇이든지 먼저하고 싶어한다.			V		
		55	장난감을 공유하는 것을 싫어한다.			V		
		56	다른 아이들의 장난감이나 물건을 부수거나 던진다.					V
		57	다른 아이가 가지고 놀이하는 장난감을 빼앗는다.				V	

기준		내용		작성일시	강점	우려	계속주시	목표로 선정
수면·식사 문제행동	수면 문제	58	낮잠 시간에 깨거나, 깬 후에 다시 숙면을 하기 위해 교사의 도움이 필요하다.	5/10	V			
		59	수면을 지속하는 데 어려움이 있다.		V			
		60	낮잠 시간 동안 잘 자지 않는다.		V			
	식사 문제	61	음식을 가지고 장난하거나 입에 물고 있다.		V			
		62	음식을 씹도록 하는 것을 거부하거나 뱉는다.			V		
		63	먹는 것이 까다롭다.		V			
		64	새로운 음식은 먹지 않으려고 한다.			V		

3) 영유아 사회정서행동 개별교육목표 설정

- 사회정서행동 현재 수준에 근거한 장·단기 교육 우선 순위 결정
- 가족의 요구와 자원 반영
- 사회정서행동에 대한 조작적 정의: 목표 행동의 구체화, 교수계획, 성취 기준의 구체화

사회정서행동 개별교육목표 설정이 진행되기 전에 먼저 이루어져야 할 것이 있다. 즉 영유아기에 교사와의 상호작용은 사회정서발달의 기초가 되기 때문에 사회정서행동 개별교육목표 설정이 진행되기 전에 일차적으로 이루어져야 한다. 문제의 소지를 가진 영유아나 현재의 사회정서 문제를 가진 영유아일 경우에는 교사가 더욱 더 반응적이고 수용적이며 따뜻하고 민감하게 상호작용을 하여 안정된 애착과 신뢰를 형성해야 하기 때문이다. 그 다음에 사회정서 개별교육목표를 설정하고 진행해야 한다. 사회정서행동 개별교육목표 설정은 다음과 같이 진행된다.

표 ❸-8 영유아의 사회정서행동 현재 수준에 근거한 장 · 단기 교육 우선 순위 결정

사회정서 행동 영역	현행 수준		장기목표	교수목표	
				시작일	종료일
주의집중	강점	• 교사의 다양한 놀이감으로 관심을 유도하면 관심을 5분 정도 지속할 수 있다. • 좋아하는 놀이감은 블록, 공, 물놀이	• 하나의 놀이감이나 활동에 5분 이상 지속할 수 있다. • 친숙한 대상을 주의 깊게 관찰하고 말로 표현할 수 있다. • 새로운 것을 배울 때 집중한다. • 교사의 말과 행동에 집중한다.		
	우선적 지도점	• 하나의 놀이감이나 활동을 5분 이상 지속하기 어렵다. • "엄마, 아빠, 아야" 외에 친숙한 단어(가족, 놀이감)를 명명하지 못한다.			
자아 인식	강점	• 스스로 하려는 의지가 강하며 자신의 스스로 할 수 있는 능력에 즐거움을 느낀다.	• 자신의 신체 부분을 안다. • 신체적 능력에 대해 자부심을 느낀다. • 자신이 스스로 할 수 있는 일을 경험하여 자율성을 높인다. • 자신에 대하여 자존감을 갖도록 한다.		
	우선적 지도점	• 자신의 성을 인식하지 못한다. • 자신의 신체의 이름을 알고 가리키거나 명명할 수 없다. • 스스로 할 수 있는 것에 대한 자신의 능력을 바르게 인식하지 못한다.			
정서 조절	강점	• 놀이에서 좌절되었을 때 다른 놀이로의 전환이 빠르다. • 부정적인 감정이 오래 지속되지 않는다.	• 자신의 다양한 정서를 인식한다. • 자신의 감정을 행동이나 말로 표현할 줄 안다. • 다른 사람의 정서 이해한다. • 위험한 행동을 통제하면 억제하려 한다. • 기본생활 규칙을 지킨다. (뛰어다니지 않기, 줄서기, 물건 던지기)	5/22	6/29
	우선적 지도점	• 자신의 감정과 욕구를 행동이나 언어로 표현하지 못한다. • 뜻대로 되지 않았을 때 물건을 던지거나 소리를 지른다. • 기본생활 규칙을 지키지 못한다.			

<table>
<tr><th rowspan="2">사회정서 행동 영역</th><th colspan="2" rowspan="2">현행 수준</th><th rowspan="2">장기목표</th><th colspan="2">교수목표</th></tr>
<tr><th>시작일</th><th>종료일</th></tr>
<tr><td rowspan="2">친사회적 행동</td><td>강점</td><td>• 교사나 또래가 애정을 표현하면 접촉하지는 않지만 미소를 짓는다.</td><td rowspan="2">• 교사/또래와의 접촉(눈맞추기, 손잡기 등)을 시도한다.
• 교사나 친구 얼굴을 보고 웃어주거나 인사한다.
• 친구의 이야기를 들어준다.
• 친구 도와준다.
• 친구와 함께 놀이감을 나누어 가져 논다.
• 또래/교사의 감정을 인식한다.</td><td rowspan="2"></td><td rowspan="2"></td></tr>
<tr><td>우선적 지도점</td><td>• 교사/또래와의 접촉을 시도하지 않는다.
• 다른 사람의 감정, 행동에 관심 가지지 않는다.
• 친숙하지 않은 대상이 쳐다보면 소리를 지르거나 물건을 던진다.</td></tr>
<tr><td rowspan="2">사회적 행동</td><td>강점</td><td>• 친숙한 대상(교사)을 보고 웃거나 뛰어다니며 관심을 보인다. (잡기놀이 시도)</td><td rowspan="2">• 또래/교사와 눈을 맞추며 표성, 행동이나 말로 표현한다.
• 도움 요청하기 및 도움을 제안한다.
• 어머니와 교사와의 안정적 애착을 형성하여 친밀감을 향상한다.
• 놀이감을 나누거나 나누기를 요구한다.
• 놀이할 때 놀이의 규칙이나 순서를 지킨다.</td><td rowspan="2"></td><td rowspan="2"></td></tr>
<tr><td>우선적 지도점</td><td>• 다른 사람과 눈을 잘 맞추지 않는다.
• 양육자(어머니)와 신뢰감을 느끼며 지도에 따르지 않는다.
• 놀이에서 차례와 규칙을 이해하지 못하며 지키지 못한다.</td></tr>
</table>

<table>
<tr><th rowspan="2">사회정서 행동 영역</th><th rowspan="2" colspan="2">현행 수준</th><th rowspan="2">장기목표</th><th colspan="2">교수목표</th></tr>
<tr><th>시작일</th><th>종료일</th></tr>
<tr><td rowspan="2">격리불안</td><td>강점</td><td>• 양육자(어머니)가 곁에 있을 때 안정적으로 활동한다.</td><td rowspan="2">• 엄마가 보이지 않아도 기다리고 있다는 것을 안다.
• 엄마와 떨어져 10분 이상 활동할 수 있다.
• 엄마와 교사와 안정적인 애착을 형성한다.</td><td rowspan="2"></td><td rowspan="2"></td></tr>
<tr><td>우선적 지도점</td><td>• 양육자(어머니)가 곁에 없을 시 활동이 불가능하다.
• 양육자가 곁에 있어도 특별한 일 없이 안아달라고 보챈다.</td></tr>
<tr><td rowspan="2">우울 · 위축</td><td>강점</td><td>• 신체를 움직이는 활동성이 적극적이다.</td><td rowspan="2">• 하고자 하는 것을 실행할 때 격려하면 끝까지 할 수 있다.
• 또래와 함께 놀이한다.
• 집단 활동에 참여한다.
• 놀이에 흥미를 보이도록 유도한다.</td><td rowspan="2"></td><td rowspan="2"></td></tr>
<tr><td>우선적 지도점</td><td>• 하고자 하는 것이 마음대로 되지 않을 때 물건을 던지거나 활동 영역에서 멀리 떨어져 있다.</td></tr>
<tr><td rowspan="2">또래 공격성</td><td>강점</td><td>• 또래에 대한 의도적인 신체적 공격성이 보이지 않는다.</td><td rowspan="2">• 친구의 놀이를 존중한다.
• 놀이감을 공유한다.
• 놀이감 등의 물건을 친구들에게 던지지 않는다.
• 놀이할 때 놀이 규칙을 지키며, 순서를 기다린다.
• 생각과 행동을 말로 표현해본다.</td><td rowspan="2"></td><td rowspan="2"></td></tr>
<tr><td>우선적 지도점</td><td>• 친구의 장난감이나 놀이를 망가뜨린다.
• 장난감을 공유하지 못하고 뺏는다.
• 놀이감을 친구에게 던진다.</td></tr>
</table>

<table>
<tr><th rowspan="2">사회정서 행동 영역</th><th rowspan="2" colspan="2">현행 수준</th><th rowspan="2">장기목표</th><th colspan="2">교수목표</th></tr>
<tr><th>시작일</th><th>종료일</th></tr>
<tr><td rowspan="2">반항성</td><td>강점</td><td>• 위험한 상황에서 제재, 통제를 경험할 때 심하게 울지 않는다.</td><td rowspan="2">• 규칙을 정확히 인식한다.
• 교사의 지침에 따르도록 한다.
• 자신의 요구를 적절한 말과 행동으로 표현한다.
• 소리 지르기, 떼쓰기, 큰소리로 울기, 욕 등의 표현을 자제하도록 한다.
• 부적절한 행동에 대해 제재 당하거나 좌절되었을 때 억제한다</td><td rowspan="2"></td><td rowspan="2"></td></tr>
<tr><td>우선적 지도점</td><td>• 자기 뜻대로 되지 않으면 주변 물건이 무엇이든 던진다.
• 규칙에 대해 지도하면 소리를 지르며 떼를 쓴다.
• 하면 안 되는 것에 대해 설명하면 혼내는 시늉을 하며 교사를 윽박지른다.</td></tr>
<tr><td rowspan="2">수면 문제</td><td>강점</td><td>• 일찍 자고 일찍 일어나는 습관을 가지고 있으며, 낮잠 중간에 깨이도 많이 보채지 않는다.</td><td rowspan="2">• 수면 전 젖병 사용을 줄여 나간다.
• 낮잠 중간에 깨어나지 않고 푹 자도록 한다.</td><td rowspan="2"></td><td rowspan="2"></td></tr>
<tr><td>우선적 지도점</td><td>• 수면 전, 수면 중간에 젖병에 우유를 먹으며 잠드는 습관이 있다.</td></tr>
<tr><td rowspan="2">식사 문제</td><td>강점</td><td>• 식사 때를 지키며 잘 먹는다.</td><td rowspan="2">• 젖병을 이용한 이유식과 음료를 줄인다.
• 연령에 적절한 고형식으로 다양한 맛을 경험한다.</td><td rowspan="2"></td><td rowspan="2"></td></tr>
<tr><td>우선적 지도점</td><td>• 고형식의 음식보다 젖병을 사용한 이유식과 음료를 선호한다.</td></tr>
</table>

4) 영유아 사회정서행동에 대한 조작적 정의

사회정서행동 현재 수준에 근거한 장 · 단기 교육 우선 순위를 결정한 결과, P○○ 유아의 경우는 사회정서행동 중 정서 조절에 초점을 두어 개별화 교육을 시행하였다. 학급 일과 및 활동 내 삽입교수를 위한 정서 조절은 다음과 같다.

- 자신의 다양한 정서를 인식한다.
- 자신의 감정을 행동이나 말로 표현할 줄 안다.
- 다른 사람의 정서를 이해한다.
- 감정을 조절할 줄 안다.
- 충동을 억제한다.
- 기본생활 규칙(예 뛰어다니지 않기, 줄서기, 물건 던지기 등)을 지킨다.

3 영유아 사회정서행동을 위한 개별화 삽입교수 활동

- 사회정서행동에 대한 개별적인 목표의 일과 및 활동 내 삽입교수 활동
- 삽입교수 시 가능한 자연스런 맥락으로 접근
- 영유아의 선호도와 흥미를 최대한으로 활용
- 영유아의 시도 존중

사회정서행동을 위한 개별화 삽입교수 활동에서는 정서 조절을 위한 개별화 삽입교수를 가장 가능하게 자연스런 맥락으로 접근하여 위하여 표준보육과정에 근거하여 연간 교육계획안, 주간 교육계획안을 구성하였고 정서 조절과 관련된 개념망을 작성하였다. 또한 일반적인 하루 일과를 적용하였으며, 그 하루 일과 내에서 개별화를 위한 삽입교수 활동 일일계획안을 구성하였다. 그 다음 정서 조절을 위해 개별화 삽입교수 활동안을 작성하여, 하루 일과 중 활동 중에 P○○ 유아를 위한 삽입교수를 실시하였다. 마지막으로 정서 조절을 위한 삽입교수가 일일계획안에서 얼마나 잘 이루어졌는지 성공 기회 여부를 체크하였다. 이러한 삽입교수 과정 중에 가장 중요시 되었던 부분은 영유아의 선호도와 흥미를 최대한으로 활용하는 것이었으며, 영유아의 시도를 존중하는 것이었다.

1) 표준보육과정 만 1세와 만 2세 연간 교육계획안

표 3-9 표준보육과정 만 1세와 만 2세 연간 교육계획안

월	대주제	주	소주제	월	대주제	주	소주제
3	어린이집에 왔어요	1	어린이집에 왔어요	9	교통기관/추석	1	자동차놀이를 해요
		2	우리 선생님, 우리반이에요			2	땅 속을 달려요
		3	내 물건과 내 옷장이에요			3	안전하게 타요
		4	재미있는 곳이 많아요			4	즐거운 추석
4	놀이감 탐색/봄나들이 가요	1	놀이감이 재미있어요	10	알록달록 가을/우리 동네	1	빨갛게, 노랗게
		2	재미있는 모래놀이 해요			2	열매가 달렸어요
		3	꽃과 나비가 있어요			3	우리 동네예요
		4	산책을 가요			4	병원, 약국놀이
						5	마트에서 놀아요
5	가족	1	어린이날, 어버이날	11	재미있는 색깔놀이 모양놀이	1	여러 가지 색깔이 있어요
		2	우리 가족을 소개해요			2	색깔로 놀이해요
		3	엄마, 아빠가 좋아요			3	여러 가지 모양이 있어요
		4	엄마, 아빠를 흉내내요			4	모양놀이를 해요
		5	할아버지, 할머니가 계세요				
6	나	1	나는 누구일까요?	12	추워요	1	날씨가 추워졌어요
		2	예쁜 내 얼굴			2	옷차림이 달라요
		3	몸을 움직이고 느껴봐요			3	메리 크리스마스
		4	내가 좋아하는 것이 있어요			4	눈이 내려요
7	동물	1	내가 좋아하는 동물들	1	새해/친구	1	한 살 더 먹어요
		2	동물처럼 소리를 내요			2	친구 이름 알기
		3	동물처럼 움직여요			3	친구 것과 나의 것
		4	엄마 동물과 아기 동물이 있어요			4	친구에게 나눠주기
						5	친구와 함께 해요

월	대주제	주	소주제	월	대주제	주	소주제
8	더워요/ 물놀이 가요	1	날씨가 더워졌어요	2	설날/ 씩씩한 형, 언니가 될 수 있어요	1	새해 복 많이 받으세요
		2	시원한 여름을 보내려면			2	많이 자랐어요
		3	새콤달콤 맛있는 과일			3	형, 언니가 되었어요
		4	첨벙첨벙 물놀이			4	도와줄 수 있어요
		5	물 속 나라 친구들				

2) 만 1세와 만 2세를 위한 주간 교육계획안

표 3-10 만 1세와 만 2세를 위한 주간 교육계획안

주간 교육계획안

유아 이름	POO	담임	OOO	원장	OOO
주제	가족				
소주제	엄마 아빠를 흉내내요				
목표	부모님과 나의 닮은 곳을 찾아본다.	실시 기간		5. 21. ~ 5. 26.	

활동 \ 주		월(5/21)	화(5/22)	수(5/23)	목(5/24)	금(5/25)	토(5/26)
등원 및 인사하기		• 영유아 POO의 건강 상태 및 기분 파악하기					
놀이 활동	언어	• 나도 커서 엄마, 아빠가 되어요					
	탐색 및 조작	• 엄마, 아빠가 집에서 하는 일			• 넥타이와 앞치마 해보기		
	역할 · 쌓기	• 엄마, 아빠 되어보기			• 자동차 만들기		
	창의적 표현	• 닮은 곳이 있대요		• 엄마, 아빠 머리 꾸미기			
	신체	• 엄마, 아빠 키만큼 점프 점프					
	실외 활동	• 어린이집 주변의 나무 찾기					
전이 활동		• '손유희' 엄마는 요리사					
식사 및 간식		• 음식 남기지 않기					
낮잠 및 휴식		• 자기 이불, 베개 찾기					
기본생활습관		• 비누로 손 씻기					
사회 관계 증진 활동		• 바깥놀이 시 동생을 만나면 인사해요					

3) 개별화 삽입교수를 위한 학급 일과

표 3-11 영유아 P○○ 개별화 삽입교수를 위한 학급 일과

시간	주요 일과	주요 활동 내용
7:30~9:00	등원 및 자유놀이	• 밝은 미소로 영유아 P○○를 맞이한다. • 영유아 P○○의 건강상태를 살피고 관찰한다. • 부모가 기록한 일일기록장을 확인한다. • 흥미 있는 놀이 활동을 스스로 선택하여 놀이한다.
9:00~9:40	이야기 나누기	• 주제를 가지고 서로 이야기를 나누어 본다.
9:40~10:10	오전 간식	• 손을 깨끗이 씻고 오전 간식을 먹는다.
10:10~11:00	자유선택놀이	• 영유아 P○○와 놀이감을 가지고 상호작용하며 자유롭게 놀이한다.
11:00~11:10	정리 · 정돈 및 전이 활동	• 정리음악을 들으며 놀이감을 정리한다. • 대 · 소변 활동 후 스스로 옷을 내리고 올린다. • 다음 놀이 장소를 알려주고 이동한다.
11:10~11:40	실외놀이	• 교사가 준비한 실외 활동이나 산책, 대근육 활동을 한다.
11:40~11:50	손 씻기 및 배변 활동	• 배변 활동 후 손을 깨끗하게 씻는다.
11:50~13:10	점심 식사 및 이 닦기	• 맛있게 점심을 먹는다. • 점심 시간 이후 스스로 이 닦기를 한다.
13:10~15:10	낮잠	• 낮잠 준비를 하고 조용한 음악이나 자장가를 들려준다. • 낮잠에서 깨어나면 잠자리를 정리한다.
15:10~15:40	오후 간식	• 화장실을 갔다 온다. • 손을 씻는다. • 오후 간식을 먹는다.
15:40~17:30	실내 자유선택놀이	• 영유아 P○○와 놀이감을 가지고 상호작용을 하며 자유롭게 놀이한다.
17:30~19:30	귀가 지도 및 자유놀이	• 귀가 준비(소지품 챙기기, 세수, 머리 빗기)를 한다. • 영유아의 하루 일과 활동에 대해 부모와 이야기를 나눈다. • 귀가 인사를 한다.

4) 개별화 삽입교수를 위한 상황 범위

표 ❸-12 영유아 P○○ 개별화 삽입교수를 위한 상황 범위

상황	활동
계획된 활동 상황	• 노래와 율동/인사 나누기, 이야기 나누기, 신체 표현, 소집단 및 개별 활동
영유아 주도 활동 상황	• 자유선택 활동(블록, 퍼즐, 가장놀이, 책 등)
일상적인 일과 활동 상황	• 등·하원, 낮잠, 간식 및 점심

5) 개별화 삽입교수 활동 일일계획안

표 ❸-13 영유아 P○○ 정서 조절을 위한 삽입교수 활동 일일계획안

주요 일과	IEP목표	교사-영유아 상호작용	교사 역할
등원 및 자유놀이	• 순서 기다리기, 개인 규칙 지키기(예 어린이집 버스 타기·내리기, 어린이집 내 규칙 지키기) 등	• 인정하기	• 영유아의 정서를 관찰한다. • 가족과 영유아 정서에 관해서 의사소통한다.
이야기 나누기	• 순서 기다리기(예 이야기 발표 순서)	• 촉진하기 • 공동 구성하기	• 기본생활 규칙을 알린다.
손 씻기 및 오전 간식	• 순서 기다리기, 개인 규칙 지키기	• 행동 모델 보이기 • 지시하기	• 기본생활 규칙을 알린다.
자유선택 놀이	• 자신의 감정을 행동이나 말로 표현할 줄 안다. • 위험한 행동을 통제하면 억제한다. • 자신의 정서를 표현할 줄 안다. • 다른 친구의 장난감을 뺏지 않는다. • 놀이 규칙을 지킨다. • 기본생활 규칙(예 뛰어다니지 않기, 줄서기, 물건던지기)을 지킨다.	• 촉진하기 • 지원하기 • 비계 설정 • 공동 구성하기 • 시범 보이기	• 정서적 반응을 사용한다. • 정서 이해한다. • 의사소통 기술 향상시킨다. • 강렬한 정서에 대처하도록 도와준다. • 탐색과 학습 격려한다. • 칭찬과 격려를 해준다.

주요 일과	IEP목표	교사-영유아 상호작용	교사 역할
정리 · 정돈 및 전이 활동	· 정리 · 정돈하기 · 기본생활 규칙 지키기	· 행동 모델 보이기 · 시범 보이기 · 지시하기	· 시범을 보여준다. · 칭찬과 격려를 해준다. · 기본생활 규칙을 알려준다.
실외놀이	· 자신의 감정을 행동이나 말로 표현할 줄 안다. · 위험한 행동을 통제하면 억제하려 한다. · 교사가 다음에 하자고 하면 조르지 않고 기다린다. · 다른 친구의 장난감을 뺏지 않는다. · 놀이 규칙을 지킨다. · 순서를 기다린다.	· 촉진하기 · 지원하기 · 비계 설정 · 공동 구성하기 · 시범 보이기	· 정서적 반응을 사용한다. · 정서 이해한다. · 의사소통 기술 향상시킨다. · 강렬한 정서에 대처하도록 도와준다. · 탐색과 학습 격려한다. · 칭찬과 격려를 해준다.
손 씻기 및 화장실 가기	· 순서를 기다린다. · 기본생활 규칙을 지킨다.	· 행동 모델 보이기 · 지시하기	· 시범을 보여준다. · 칭찬과 격려를 해준다.
점심 식사 및 이 닦기	· 간식 시간에 자리를 지키며 차례를 기다린다. · 식사 규칙을 지킨다.	· 행동 모델 보이기 · 시범 보이기	· 영유아의 개별적인 요구 발견한다. · 기본생활 규칙을 알려준다. · 칭찬과 격려를 해준다.
낮잠	· 자고 있는 친구들을 깨우지 않는다. · 잠이 오지 않으면, 자고 있는 친구들을 위해 조용히 기다린다.	· 인정하기 · 행동 모델 보이기 · 촉진하기	· 영유아의 개별적인 요구 발견한다. · 유아의 정서에 민감하게 반응한다.
오후 간식	· 간식 시간에 자리를 지키며 차례를 기다린다. · 식사 규칙을 지킨다.	· 행동 모델 보이기 · 시범 보이기 · 지시하기	· 시범을 보인다. · 기본생활 규칙을 구체적으로 알려준다.

주요 일과	IEP목표	교사-영유아 상호작용	교사 역할
실내 자유선택 놀이	• 자신의 감정을 행동이나 말로 표현할 줄 안다. • 위험한 행동을 통제하며 억제한다. • 자신의 정서를 표현할 줄 안다. • 다른 친구의 장난감을 뺏지 않는다. • 놀이 규칙을 지킨다. • 기본생활 규칙(예 뛰어다니지 않기, 줄서기, 물건던지기)을 지킨다.	• 촉진하기 • 지원하기 • 비계 설정 • 공동 구성하기 • 시범 보이기	• 정서적 반응을 사용한다. • 정서를 이해한다. • 의사소통 기술을 향상시킨다. • 강렬한 정서에 대처하도록 도와준다. • 탐색과 학습을 격려한다. • 칭찬과 격려를 해준다.
귀가 지도	• 순서 기다리기, 개인 규칙 지키기(어린이집 버스 타기 · 내리기, 어린이집 내 규칙 지키기)	• 인정하기	• 가족과 영유아 정서에 대해 의사소통한다.

6) 개별화 삽입교수 활동계획안

(1) 활동계획안 예 1

표 3-14 영유아 P○○ 정서 조절을 위한 개별화 삽입교수 활동계획안 예 1

<table>
<tr><td>활동명</td><td colspan="3">어떤 말을 해야 할까?</td></tr>
<tr><td>활동 특성</td><td colspan="3">• 화가 났을 때 또는 두려울 때 자신의 감정을 행동이나 말로 표현할 줄 안다.</td></tr>
<tr><td>활동목표</td><td colspan="3">• 놀이 시 갈등 상황을 이해한다.
• 갈등 상황에서의 정서를 이해한다.
• 갈등 상황에서 적절한 언어적 · 비언어적 상호작용을 배운다.
• 또래 갈등을 해결할 수 있는 사회적 기술을 익힌다.</td></tr>
<tr><td>활동자료</td><td>〈파워포인트 자료〉
• 자전거를 타려고 하는데 빼앗는 장면
• 블록을 빼앗아가는 장면
• 친구를 밀거나 괴롭히는 장면
• 친구를 꼬집거나 때리는 장면
• 서로 같은 장난감을 가지고 싶을 때 다른 친구가 장난감을 양보해주는 장면</td><td>자료 수정</td><td>• 갈등 상황에 대한 파워포인트 자료를 교실 내 컴퓨터 바탕화면에 깔아놓아, 언제든지 다시 볼 수 있도록 설정해 놓음</td></tr>
<tr><td>활동방법</td><td>• 갈등 상황의 장면을 파워포인트로 보여준다.
• 어떤 상황인지 이야기를 나눈다.
• "친구들이 무엇을 하고 있는 것 같니?", "이럴 때 기분은 어땠니?", "어떻게 하면 될까?" 등과 같이 다양한 질문을 하고 영아들의 자유로운 반응을 유도한다.
• 상황에 맞는 언어적 · 비언어적 표현에 대해 이야기 나눈다.</td><td>활동 수정
및
교수 삽입</td><td>〈활동 수정〉
• 갈등 상황에 대해 자유롭게 이야기하도록 해준다.
• 갈등 상황에 대한 P○○의 정서반응에 대해 민감하게 따스하게 반응해준다.
• 갈등 상황에 대한 적절한 언어 표현을 가르친 다음, 친구들 앞에서 시범을 보이도록 한다.
〈교수 삽입〉
• 갈등 상황에 대한 탐색 격려하기
• 교실에서 유사한 갈등 상황이 일어났던 경우를 예로 들기
• 적절한 언어적, 비언어적 표현 사용 시 칭찬하기</td></tr>
<tr><td>확장 활동</td><td>• 교실 안에서 갈등 상황이 일어날 때 어떻게 해야 할지 다 함께 규칙을 정한다.
• 친구 관계와 관련된 동화책을 읽는다.</td><td>활동 시
유의 사항</td><td>• 영유아 P○○의 개별적인 요구(기질, 흥미, 관심, 가족 관계) 등을 고려하기</td></tr>
</table>

(2) 활동계획안 예 2

표 3-15 영유아 P○○ 정서 조절을 위한 개별화 삽입교수 활동계획안 예 2

<table>
<tr><td>활동명</td><td colspan="3">혼자서 할 수 있어요</td></tr>
<tr><td>활동 특성</td><td colspan="3">• 정리 · 정돈, 순서 지키기, 개인 규칙 지키기 등 스스로 놀이 규칙을 잘 지킨다.</td></tr>
<tr><td>활동목표</td><td colspan="3">• 혼자 스스로 할 수 있는 것에 대해 생각해본다.
• 혼자 스스로 했을 때의 경험과 느낌에 대해 말해본다.
• 혼자 스스로 할 수 있는 일들에 대해 생각해본다.
• 함께 해서 좋은 일들에 대해 말해본다.</td></tr>
<tr><td>활동자료</td><td>• 그림 자료들(신발장에 신발 넣기, 양치하기, 밥 먹기, 배변하기, 옷 입기, 양말 신기, 옷걸이에 옷걸기 등의 상황을 나타내는 그림 자료)
• 융판</td><td>자료 수정</td><td>• '혼자서 할 수 있어요'와 관련 그림들을 융판에 자유롭게 탈부착할 수 있도록 해준다.</td></tr>
<tr><td>활동방법</td><td>• 혼자서 할 수 있는 것에 그림을 탐색하고 살펴본다.
• 그림 자료를 보며 어떤 상황인지 이야기해본다.
• 영유아 혼자서 할 수 있는 일들에 대해 이야기 나눈다.
• "○○야, 그림에 있는 이 친구는 무엇을 하고 있니?", "그림에 나오는 친구처럼 하려면 어떻게 해야 할까?", "○○도 할 수 있겠니?"
• 영유아가 혼자서 했던 경험들에 대해 물어본다. "△△의 이야기도 들어 볼까?", "△△가 혼자서 할 수 있는 일에는 무엇이 있을까?"
• 영유아 자신의 경험들을 발표하도록 한다.
• 영유아가 혼자 할 수 있는 상황의 그림을 융판에 붙여 보도록 한다.</td><td>활동 수정
및
교수 삽입</td><td>〈활동 수정〉
• ○○가 그림 자료를 잘 볼 수 있도록 앞자리에 자리를 배치한다.
• ○○가 혼자서 했을 때의 경험과 느낌을 친구들 앞에서 발표하도록 한다.
• ○○가 혼자서 할 수 있는 상황의 그림을 융판에 붙여보도록 한다.
〈교수 삽입〉
• ○○가 이야기할 준비가 될 때까지 기다려 준다.
• ○○가 발표할 때 충분히 공감해주고 도움을 준다.</td></tr>
</table>

활동방법 (계속)	• "ㅁㅁ가 혼자 할 수 있는 일에는 무엇이 있을까?", "그림에서 찾아서 융판에 붙여볼까?", "ㅁㅁ는 혼자서도 잘하는 구나." • 영유아에게 적극적으로 반응을 보이며 칭찬과 격려를 해준다.	활동 수정 및 교수 삽입 (계속)	
확장 활동	• "혼자서 할 수 있어요." 관련된 동화책을 읽는다.	활동 시 유의 사항	• 영유아의 개별적인 경험과 느낌을 고려한다.

7) 개별화 삽입교수 일일계획안 중 기회에 대한 성취

표 ❸-16 영유아 P○○ 정서 조절을 위한 삽입교수 일일계획안 중 기회에 대한 성취 여부

유아 이름	P○○					
일과 및 활동	기본생활 규칙(예) 뛰어다니지 않기, 줄서기, 물건 던지기)을 지킨다	삽입교수 기회	성취 여부			
			5/21	5/29 결석	6/4	6/11
등원	• 등원하며 친구 이름 부르며 "안녕."이라고 인사할 수 있다.	• "○○야, 안녕하고 신발과 가방을 정리하자!" 하며 시범보이며 기다려주기	×	·	○	○
오전 간식	• 친구들과 함께 간식 먹기	• 조용히 자리에 앉아서 간식 먹도록 시범 보이기	×	·	○	○
자유놀이	• 규칙을 잘 지키는 또래를 통해 정해진 규칙을 따를 수 있도록 한다.	• 규칙을 지키는 다른 또래 칭찬하기 • 규칙을 지키도록 ○○를 격려하기	×	·	△	△
	• 또래와 함께 놀이한다. (3명 이상)	• 또래와 함께 놀이를 할 수 있도록 놀이 활동을 구성하며 지원해주기	×	·	×	△
	• 또래와 10분 이상 놀이에 참여할 수 있다.	• 또래와 사이좋게 놀이를 할 수 있도록 놀이 규칙을 교사가 제시하며 시범 보이기	×	·	×	×
	• 놀이감을 건네며 놀이를 지속할 수 있다.	• 친구에게 '누구야! ~빌려줄래?' 라고 언어적 촉진하기	×	·	×	△
	• 필요한 도움을 요청할 수 있다.	• "뭐줄까? 내 차례야~."라며 자신의 생각 표현하도록 기다려주기	×	·	×	△
실외 활동	• 실외놀이터에서 놀이 활동을 한다.	• 실외 활동을 안전하고 즐겁게 놀이하기 위해 규칙을 지키기를 하도록 지시하며 촉진하기	×	·	○	○

점심 시간	• 친구들과 맛있게 점심 먹기	• 친구들과 맛있게 점심 먹기(자리에 앉아서 먹도록 시범보이며 ○○의 식사 동안 칭찬과 격려로 반응 보이기)	○	·	○	○
양치하기 및 화장실 다녀오기	• 순서대로 양치하고 화장실 다녀오기	• 순서대로 화장실을 다녀오고 실내 규칙을 지키도록 지시하고 잘했을 경우 칭찬해주기	×	·	×	△
낮잠	• 자기 이불에 눕는다.	• 편안히 잘 수 있도록 지원해주며 다른 친구들이 잘 때에는 조용하도록 지시하기	×	·	×	△
오후 간식	• 또래에게 포크를 나누어 줄 수 있다.	• 도우미 역할을 시킴으로써 간식 규칙을 익히도록 지원하기	×	·	×	○
귀가	• 교사와 친구들에게 인사한다.	• 내일 만나자하고 인사하기	×	·	×	○

※ ○(스스로 수행), ×(수행 하지 않음), △(시도함)

04 영유아 사회정서행동의 삽입교수 활동평가

- 사회정서행동 관련 정보 및 자료에 근거한 의사결정
- 영유아의 사회정서행동 변화에 따른 교육계획의 수정 및 보완
- 진단–평가로 연계 순환

마지막 과정인 평가는 개별화 삽입교수 활동이 원하는 결과로 이루었는지를 파악하는 데 필수적이다. 예를 들어, 개별화 삽입교수 활동에 앞에서 영유아의 반응으로 사회정서행동목표가 올바르게 선택되었는지를 평가할 수 있고, 이후 삽입교수 활동 동안 지속적으로 평가해 볼 수 있다. 영유아의 반응을 평가해서 얻은 정보는 교육계획의 수정과 보완으로 이루어지는 데 활용한다. 이러한 진단부터 평가까지의 과정은 연계되어 있으며, 순환하는 과정을 거친다. 정서 조절을 위한 삽입교육 활동 진보점검평가 기록지는 다음과 같다.

표 3-17 정서 조절을 위한 삽입교육 활동 진보점검 평가 기록지의 예

유아 이름	PОО(남, 28개월)	관찰자	최ОО
장소	ОООО 어린이집	관찰기간	5월 22일 ~ 6월 8일

유아 이름	PОО																			
사회정서행동 목표	• 또래와 함께 놀고 싶어 하는 마음을 말과 행동으로 표현하기																			
자료 수집 환경	월				화				수				목				금			
주차	1	2	3	4	1	2	3	4	1	2	3	4	1	2	3	4	1	2	3	4
자유놀이	N	·	–	N	N	·	N	+	N	·	N	+	N	·	N	+	N	·	+	+
실외 활동	N	·	N	N	N	·	N	N	N	·	N	N	N	·	N	+	N	·	+	+
평가논쟁점	• 혼자 놀거나 다른 친구들의 놀이만 지켜보았다. • 한 친구만을 유독 괴롭히는 모습을 보인다.																			
잠재적인 변화 전략	• 또래와 놀이에 참여하기 시작하며, 또래가 다른 놀이로 이동하면 따라간다. • 교사의 중재로 괴롭히는 한 친구와 함께 놀이 활동을 할 수 있도록 말과 행동으로 표현하는 기회를 제공한다.																			

※ +(정반응), –(오반응), N(무반응)

유아 이름	PОО																			
사회정서행동 목표	• 타인의 정서 이해하기																			
자료 수집 환경	월				화				수				목				금			
주차	1	2	3	4	1	2	3	4	1	2	3	4	1	2	3	4	1	2	3	4
자유놀이	N	·	N	+	N	·	+	N	N	·	N	N	+	·	N	+	N	·	N	N
실외 활동	N	·	N	N	N	·	N	N	+	·	+	N	N	·	+	N	+	·	N	+
평가논쟁점	• 친구들의 감정보다는 자신의 감정대로 행동한다.																			
잠재적인 변화 전략	• 친구들의 감정을 느낄 수 있는 환경을 제공한다.																			

※ +(정반응), –(오반응), N(무반응)

참고문헌

곽금주 · 성현란 · 장유경 · 심희옥 · 이지연 · 김수정 · 배기조(2005). 한국영아발달연구. 서울: 학지사.

곽노의 · 김경철 · 김유미 · 박대근(2007). 영유아발달. 경기: 양서원.

교육과학기술부(2008). 특수학교교육과정.

김계수(2011). 구조방정식 모형 분석. 서울: 한나래 아카데미.

김규수(2007). 아동중심교육의 개념적 고찰: DAP에 대한 견해. 열린유아교육연구, 2(2), 49-68.

김기예(2009). 유아의 주의집중력, 문제행동 및 정서 능력과 사회적 능력. 극동사회복지저널, 5, 81-102.

김리진 · 정옥분(2009). 유아의 사회정서적 행동문제에 대한 구조 모형 분석. 인간발달연구, 16(1), 1-20.

김석우(2011). (사회과학 연구를 위한) SPSS AMOS활용의 실제. 서울: 학지사.

김선희(2007). 집단 활동에서 교사와 영아의 상호작용. 배재대학교 대학원 박사학위 청구논문.

김은정(2007). 한국 아동 정신건강 현황과 정책과제. 보건복지포럼, 60-72.

김재은 · 이연섭 · 홍순정(1998). 인지이론. 서울: 한국방송대학교출판부.

김지선 (2009). 가족 특성, 영아의 기질, 보육경험에 따른 만 2세반 영아의 사회 · 정서적 행동. 이화여자대학교 대학원 석사학위 청구논문.

김호인(2010). 2세 영아의 사회정서발달 평정 척도 개발. 덕성여자대학교 대학원 박사학위 청구논문.

김희진 · 김언아 · 홍희란(2004). 영아를 위한 프로그램의 이론과 실제. 서울: 창지사.

나양균 · 이영환 · 한지현(2006). 만 1세 영아의 기질과 사회정서 능력 간의 관계. 한국영유아보육학, 44, 19-36.

박정란(2013). 만 2세 영유아의 또래 공격성 지도를 위한 사회정서 개별화 교육활동. 숙명여자대학교 원격대학원 미간행 석사학위 청구논문(in process).

박혜원 · 조복희(2004). 한국 Baley 영유아 발달검사 표준화연구(1): 지역, 성별, 및 모의 교육수준에 따른 K-BSID-II 수행 분석. 한국심리학회지: 발달, 17(1), 191-206.

방명애 · 이효신 역(2007). 유아기 정서 및 행동장애. 서울: 시그마프레스.

백혜리 · 노은호 · 황성원 · 조미환 · 박종옥 · 이순영 · 곽혜경 · 최효영(2006). 보육과정. 서울: 창지사.

변보기(2008). 미국 아동정신건강정책의 주요내용과 한국적 함의. 교육의 이론과 실천, 13(1), 71-91.
상정진(2005). 개별화 학습 방법을 적용한 유초연계교육 활성화 방안. 어린이교육, 155-180.
손원경(2004). 3 · 4세 아동용 유아발달검사 개발연구. 부산대학교 대학원 박사학위 청구논문.
송길연 · 이지연 역(2008). 사회성격발달. 서울: 시그마 프레스.
성남시보육정보센터(2010). 2010 성남시 우수보육 프로그램 자료집. 성남시보육정보센터.
신지연(2004). 2세 영아의 어머니와 보육교사에 대한 복합애착과 사회정서적 행동. 서울여자대학교 대학원 박사학위 청구논문.
심성경 · 김은아(2008). 영아의 발달평가에 기초한 개별화 교수-학습활동의 효과. 열린유아교육연구, 13(1), 257-278.
심성경 · 박주희 · 최대훈(2005). 개정 AEPS 검사에 기초한 교사용 영아발달 측정도구의 실용화를 의한 예비 연구. 유아교육연구, 9(4), 295-310.
심숙영(1998). 아동 중심 교수 방법과 기본 학습 중심 교수 방법에 대한 유아교사의 신념. 한국영유아보육학, 26, 21-39.
심숙영(2012). 영유아 사회정서행동 척도 개발 및 타당화 연구. 아동과 권리, 16(4), 761-786.
안동현(2012). 아동의 생명권과 아동 · 청소년의 정신건강. 한국아동권리학회 춘계학술대회집, 27-46.
안라리(2005). 유아의 개인변인 및 어머니의 정서성과 유아의 정서발달, 사회적 능력의 관계. 이화여자대학교 대학원 박사학위 청구논문.
양옥승(2006). 3~6세 유아의 자기조절력 측정척도 개발. 미래유아교육학회지, 13(2), 161-187.
여성가족부(2006). 표준보육과정. 서울: 여성가족부.
오경자 · 김영아(2009). Child Behavior Checklist: 유아행동평가척도 부모용 매뉴얼. 서울: 휴노컨설팅.
오명호 · 이인규 · 이희정(2005). 위험군 영아에 대한 발달평가: 한국 Bayley 영유아 발달검사의 행동평정 척도를 중심으로. 한국심리학회지발달, 8(1), 37-60.
오연주(2009). 조형 활동을 활용한 영유아 미술교육. 서울: 창지사.
우수경 · 최기영(2002). 유아의 정서 능력과 관련 변인 간의 구조 분석. 유아교육연구, 22(2), 29-55.
윤희경 · 신혜영 · 임미혜 · 김애옥 · 나은숙 · 이분려 · 장미아(2005). 발달에 적합한 영유아 교육과정. 서울: 양서원.

이경옥 · 연은진(2006). 유아의 사회정서 능력과 또래 인기도의 관계. 덕성여대논문집, 35, 97-115.
이기영(2006). 그림책을 활용한 유아 사회정서 교육 프로그램 개발연구. 계명대학교 대학원 석사 논문.
이방실(2012). 영아발달을 돕는 효과적인 상호작용. http://sneducare.or.kr/care/upload/edu/%BB%F3%C8%A3%C0%DB%BF%EB-%BF%B5%BE%C6.pdf.
이소은(2007). 부모의 양육태도에 따른 유아의 문제행동과 주의집중력. 아동학회지, 28(2), 71-89.
이소현(2007). 유치원 통합교육을 위한 개별화 교육과정의 개발 및 실행 방안 고찰. 유아특수교육연구, 7(2), 126.
이소현(2011). 개별화 교육과정: 장애 유아를 위한 일반 유아교육과정 기반의 교수적 접근. 서울: 학지사.
이순형 · 이성옥 · 권혜진 · 이소은 · 황혜신 · 이혜승 · 한유진 · 정윤주 · 이영미 · 이옥경 · 성미영 · 권기남 · 김지현(2007). 보육과정. 서울: 학지사.
이숙희(2001). 가정환경과 아동의 주의집중력 발달과의 관계. 인천교육대학교 교육대학원 석사학위논문.
이영석(1998). 영아 발달 수준 확인 연구: 어린이집 영아반 교사의 관찰 평정 중심으로. 미래유아교육학회지, 5(1), 263-302.
이영자 · 이종숙 · 신은수(2000). 교사 평정에 의한 유아용 정서지능 평가도구. 서울: 창지사.
이영자 · 이종숙 · 신은수 · 양승희 · 안경숙 · 유윤영 · 연석영(2000). 유아의 정서지능 향상을 위한 프로그램. 서울: 창지사.
이영자 · 이종숙 · 신은수 · 곽향림 · 이정욱(2001). 교사 평정용 영아발달 평가도구. 아동학회지, 22(2), 255-275.
이옥경(2002). 과제의 특성에 따른 유아와 아동의 친사회적 도덕추론과 친사회적 의사결정 및 어머니의 친사회적 도덕추론의 관계. 서울대학교 대학원 박사학위 청구논문.
이옥경 · 박영신 · 이현진 · 김혜리 · 정윤경 · 김민희 역(2011). 생애발달 I. 서울: 시그마프레스.
이유훈 · 권주석 · 김용한(1999). 개별화교육계획 작성, 운영 지침. 경기: 국립특수교육원.
이윤옥(2000). 미국 공립 유아원 Head Start 프로그램의 개별화 교육방안에 대한 고찰.
이은해 · 박주희 · 최혜영(2005). 영유아용 발달검사 개발을 위한 예비연구. 아동학회지, 26(6), 73-88.

이정란(2003). 유아의 자기 조절 구성 요인 및 관련 변인에 대한 구조 분석. 덕성여자대학교 대학원 박사학위 청구논문.

이종숙 · 신은수 · 박은혜 · 김영태 · 유영의 · 최일선 · 유홍옥(2009). 영유아 언어, 인지, 사회정서 발달 평가도구 개발. 유아교육학논집, 13(4), 269-290.

이지연(2010). 정서 인식의 명확성과 정서강도가 아동의 정신건강에 미치는 영향. 아동교육, 19(1), 67-82.

임부연 · 장영숙 · 최미숙 · 최윤정 · 최일선 · 황윤세 역(2008). 발달에 적합한 실제: 유아교육과정과 발달. 서울: 정민사.

장미경(2005). 0~3세 영유아의 정신건강 및 발달장애 조기진단을 위한 척도제작 연구. 아동학회지, 26(1), 47-59.

장혜성 · 김수진 · 김지영(2010). 기능적 기술습득을 위한 개별화 교육 프로그램의 실제. 경기: 교육과학사.

정미숙(2007). 교사-영아의 애착안정성이 영아의 사회 · 정서적 행동에 미치는 영향. 한양대학교 교육대학원 석사학위 청구논문.

정옥분(2006). 사회정서발달. 서울: 학지사.

정옥분(2012). 영아발달. 서울: 학지사.

조복희 · 정옥분 · 유가효(2004). 인간발달: 발달심리적 접근. 서울: 교문사.

허계형(2009). 영유아의 사회정서 발달 문제 조기 발견을 위한 선별 도구 ASQ: SE의 국내 예비연구. 아동교육, 18(2), 253-266.

Abikoff, H. B. (2002). Observed classroom behavior of children with ADHD: Relationship to gender and comorbidity. *Journal of Abnormal Child Psychology, 30(4)*, 349-359.

Achenbach, T. M., & Rescorla, L. A. (2000). *Mannual for the ASEBA preschool forms & profiles*. Burlington, VT: University of Vermont Department of Psychiatry.

Ainsworth, M. D. S. (1983). Patterns of infant-mother attachment as related to maternal care: The early history and their contribution to continuity. In D. Magnusson & V. L. Allen(Eds.). *Human development*(pp. 26-45). New York: Academic Press.

Allen, K. E., & Cowdery, G. E. (2008). *The exceptional child: Inclusion in early childhood education*(6th ed.). Clifton Park, NY: Thompson.

American Academy of Pediatrics (2006). Identifying infants and young children with evelopment disorders in the medical home: An algorithm for development survillance and screening. *Pediatrics, 118*, 405-420.

Anderson, C. A., & Hammen, C. L. (1993). Psychosocial outcomes of unipolar depressed, bipolar, medically ill, and normal women: A longitudinal study. *Journal of Consulting and Clinical Psychology, 61*, 448-454.

Bailey, D. B., McWilliam, R. A., Buysse, V., & Wesley, P. W. (1998). Inclusion in the context of competing values in ealry childhood education. *Early Childhood Research Quarterly, 13(1)*, 27-47.

Bayley, D. B. (1993). *Bayley scales for infant development*(2nd Ed.). San Antonio, TX: The Psychological Corporation.

Berk, L. (2011). *Development through the lifespan*(6th ed). Boston, MA: Allyn & Bacon.

Billings, A. G., & Moos, R. H. (1983). Comparisons of children of depressed and nondepressed parents: A social environmental perspective. *Journal of Abnormal Child Psychology, 11*, 483-451.

Bowlby, J. (1969). *Attachment and loss*(vol. 1). New York: Basic Books.

Bredekamp, S., & Copple, D. (1997). *Developmentally appropriate practice in early childhood programs*(Rev. ed.). Washington, DC: NAEYC.

Brennan, E., Bradley, J., Allen, M., & Perry, D. (2008). The evidence base for mental health consultation in early childhood settings: Research synthesis addressing staff and program outcomes. *Early Education and Development, 19*, 982-1022.

Bricker, D. (Seires ed). (2002). *Assessment, evaluation, and programming system for infants and children*(AEPS)(2nd ed.), Baltimore, MD: Paul H. Brooks Publishing Co.

Bricker, D., Schoen Davis, M., & Squires, J. (2004). Mental health screening in young children. *Infant and Young Children, 25(1)*, 62-73.

Briggs-Gowan, M. J., & Carter, A. S. (2001). *Infant Toddler Social and Emotional Assessment*(ITSEA), Manual Version 1.1. The Connecticut Early

Development Project. Yale University.

Briggs-Gowan, M. J., Carter, A. S., Irwin, J., & Wachtel, K. (2004). The brief infant-toddler social-emotional problems and delays in competence. *Journal of Pediatric Psychology, 29(2)*, 143-155.

Bowlby, J. (1969). *Attachment and loss*(vol. 1). New York: Basic Books.

Carter, A. S., Briggs-Gowan, M., Jones, S. M., & Little, T. D. (2003). The Infant-Toddler Social and Emotional Assessment(ITSEA): Factor structure, reliability and validity. *Journal of Abnormal Child Psychology, 31(5)*, 495-514.

Carey, W. B., & McDevitt, S. C. (1995). *Coping with children' s temperament. A guide for professionals.* New York, NY: Basic Books.

Clark, M. S., Powell, M. C., Ovellette, R., & Milberg, S. (1987). Recipient' s model, relationship type, and helping. *Journal of Personality and Social Psychology, 43*, 94-103.

Coplan, R. J., Bowker, A., & Cooper, S. M. (2003). Parenting daily hassles, child temperament and social adjustment in preschool. *Early Childhood Research Quarterly, 18*, 376-393.

Cooper, J., Masi, R., & Vick, J. (2009). *Social-emotional development in early childhood: What every policymaker should know.* Retrieved from the National Center for Children in Poverty website: http://www.nccp.org/publications/pdf/text_882.pdf.

Cooper, J., & Vick, J. (2009). *Promoting social-emotional wellbeing in early intervention services: A fifty-state view.* Retrieved from the National Center for Children in Poverty website: http://www.nccp.org/publications/pdf/text_885.pdf.

Coplan, R. J., Bowker, A., & Cooper, S. M. (2003). Parenting daily hassles, child temperament and social adjustment in preschool. *Early Childhood Research Quarterly, 18*. 376-393.

Cummings, E. M., Iannotti, R. J., & Zahn-Waxler, C. (1989). Aggression between peers in early childhood: Individual continuity and developmental change. *Child Development, 60*, 887-895.

Dember, W. N., & Warm, J. S. (1979). *Psychology of perception.* New York: Holt.

Dichtelmiller, M. L. (2004). Experiences from the field: New insights into infant/toddler assessment. *Young Children, 59(1)*, 30-33.

Dodge, K. A., Coie, J. D., & Lynam, D. (2006). Aggression and antisocial behavior in Youth. In N. Eisenberg, W. Damon, & R. M. Lerner (eds.). *Handbook of child psychology*(pp. 719-788). Hoboken, NJ: John Wiley & Sons.

Eggbeer, L., Mann, T., & Gilkerson, L. (2003). Preparing infant-family practitioners: A work in progress. *Zero to Three, 24(1)*, 35-40.

Eisenberg, N. (1988). The development of proscocial and aggressive behavior. In M. H. Bornstein & M. E. Lamb(eds.). *Developmental Psychology: An advanced textbook*(2nd ed.). Hillsdale, NJ: Erlbaum.

Eisenberg, N., Fabes, R. A., & Spinrad, T. (2006). Prosocial development. In W. Damon & R. M. Lerner (eds.). *Handbook of child psychology Vol. 3*(6th ed.). New York: Wiley.

Elias, M. J., Zins, J. E., Weissberg, R. P., Frey, K. S., Greenberg, M. T., Haynes, N. M., Kessler, R., Schwab-Stone, M. E., & Shriver, T. P. (1997). *Promoting social and emotional learning: Guidelines for educators*. Alexandira, VA: Association for Supervision and Curriculum Development.

Erikson, M. F., Sroufe, L. A., & Egeland, B. (1985). The relationship between quality of attachment and behavior problems in preschool in a high-risk sample. In I. Bretherton & E. Waters(Eds.). Growing points in attachment theory and research. *Monographs of the Society for Research in child Development, 50*, 147-166.

Fox, L., Dunlap, G., Hemmeter, M. I., Joseph, G. E., & Strain, P. S. (2003). The teaching pyramid: A model for supporting social competence and preventing challenging behavior in young children. *Young Children, 58(4)*, 48-52.

Frankel, K. A., & Bates, J. E. (1990). Mother-toddler problem solving: Antecedents in attachment, home behaviorm and temperament. *Child Development, 60*, 810-819.

Garbarino, J. (2006). *See Jane Hit: Why girls are growing more violent and what we can do about it*. NY: Penguin Group.

Gartstein, M. A., & Rothbart, M. K. (2003). Studying infant temperament via a revision of the infant behavior questionnaire. *Journal of Infant Behavior and Development, 26(1)*, 64-86.

Gest, S. D., Graham-Bemann, & Hartup, W. W. (2001). Peer experience: Common and unique features of number of friendships, social network centrality, and sociometric status. *Social Development, 10-23-40*.

Goleman, D. (1995). *Emotional intelligence*. New York: Bantam Books.

Goleman, D. (2006). *Social intelligence: The new science of social relationship*. New York: Bantam Books.

Goodman, S. H., Brogan, D., Lynch, M. E., & Fielding, B. (1993). Social and emotional competence in children of depressed mothers. *Child Development, 64*, 516-531.

Greenman J., & Stonehouse, A. (1996). *Prime time: A handbook for experience in infant and toddler programs*. St. Paul, MN: Redieal Press.

Greenspan, S. I. (2004). *The Greenspan social emotional growth chart: A screening questionnaire for infants and young children*. San. Antonio, TX: Harcourt Assessment.

Gresham, F., & Elliot, S. (1998). *Social skills rating system*(SSRS). TX: Pearson.

Harter, S. (2006). The self. In N. Eisenberg, W. Damon & R. Lerner(Eds.). *Handbook of child psychology*(pp. 550-570). Hoboken, NJ: Wiley.

Hartup, W. W. (1974). Aggression in childhood: Developmental perspectives. *American Psychologist, 29*. 336-341.

Hay, D. F., Pederson, J., & Nash, A. (1982). Dynamic interaction in the first year of life. In Rubin, K. H., & Ross, H. S. (Eds.). *Peer relationship and social skills in childhood*. New York: Springer-Verlag.

Herr, A. S., & Swim, T. (1998). *Creative resources for infants and toddlers*. Albany NY: Delmar Publishers.

Hoffman, M. L. (1984). Interaction of affect and cognition in empathy. In C. E. Izard, J. Kagan, & R. B. Zajonc(Eds.), *Emotions, cognitions and behavior*. Cambridge University Press.

Kail, R. (2007). *Children and their development*. NY: Prentice Hall.

Kochanska, G., & Aksan, N. (1995). Mother-child mutually positive affect, the quality of child compliance to requests and prohibitions, and maternal control as correlates of early internalization. *Child Development, 66*, 236-254.

Kostelnik, M. J., Whiren, A. P., Soderman, A. K., & Gregory, K. M. (2009). *Guiding children's social development and Learning.* NY: Cengage Learning.

Kristal, J. (2005). *The temperament perspective: Working with children's behavioral styles.* New York: Paul H. Books.

Kupersmidt, J., Bryant, D., & Willoughby, M. (2000). Prevalence of aggressive behaviors among preschoolers in Head Start and community child care programs. *Behavioral Disorders, 26*, 42-52.

Laible, D. J., & Thompson, R. A. (2007). Early socialization: A relationship perspective. In J. E., Grusec & P. D. Hastings (Eds.). *Handbook of socialization: Theory and research*(pp. 181-206). New York, NY: Guilford.

Ladd, G. W., & Profilet, S. M. (1996). The child behavior scale: A teacher-report measure of young children's aggressive, withdrawn and prosocial behaviors. *Developmental Psychology, 32(6)*, 1008-1024.

Lamb, M. E. (1988). Social and emotional development in infancy. In M. H. Bornstein & M. E., Lamb(Eds.). *Social, emotional, and personality development*(pp. 359-411). Hillsdale, NJ: Erlbaum.

Leary, M. R., & McDonald, G. (2003). Individual differences in self-esteem: A review and theoretical integration. In M. Leary, & J. P. Tangney(Eds.). *Handbook of self and identity*(pp. 401-418). New York: Guilford.

LeBuffe, P. A., & Neglieri, J. A. (2003). *Manual for the Devereux Early Childhood Assessment Clinical Form*(DECA-C). Lewisville, NC: Kaplan Press.

LaFreniere, P. J., & Dumas, J. E. (2003). *Social competence and behavior evaluation, Preschool edition*(SCBE). Los Angeles, CA: Western Psychological Services.

Lewis, M., & Ramsay, D. (2004). Development of self-recognition, personal pronoun use, and pretend play during the second year. *Child Development, 75*, 1821-1831.

Loeber, R. & Stouthamer-Loeber, M. (1998). Development of juvenvile aggression and violence: Some common misconceptions and controversies. *American Psychologist, 53*, 242-259.

Love, J. M., Kisker, E. E., Ross, C., Raikes, H., Constantine, J., Boller, K., & Vogel, C. (2005). The effectiveness of Early Head Start for 3-year-old children and their parents: Lessons for policy and programs. *Developmental Psychology, 41*, 885-901.

Lovejoy, M. C., Graczyk, P. A., O' Hare, E. & Neuman, G. (2000). Maternal depression and parenting behavior: A meta-analytic review. *Clinical Psychology Review, 20*.

Main, M., & Solomon, J. (1986). Discovery of an insecure-disorganized/disoriented attachment pattern. In T. B. Brazelton & M. W. Yogman(Eds.). *Affective development in infancy*(pp. 95-124). Norwood, NJ: Ablex.

McGuire, J., & Richman, N. (1986). Screening for behavior problems in nurseries: The reliability and validity of the Preschool Behavior Checklist. *Journal of Child Psychology and Psychiatry and Allied Disciplines, 27*, 455-472.

McWilliam, R. A., & Casey, A. M. (2008). *Engagement of every child in the preschool classroom*. Baltimore, MD: Brookes.

Merrell, K. W. (2008a). *Helping students overcome depression and anxiety: A practica guide*(2nd ed.). New York: Guilford Press.

Miles, J., Espiritu, R., Horen, N., Sebian, J., & Waetzig, E. (2010). *A public health approach to children's mental health: A conceptual framework*. Washington, DC: Georgetown University Center for Child and Human Development, National Technical Assistance Center for Children's Mental Health.

Neisworth, J. T., Bagnato, S., Salvia, J., & Hunt, F. M. (1999). *TABS manual for the temperament and atypical behavior scale: Early childhood indicators of developmental dysfunction*. Baltimore, MD: Brooks.

Nelson, F., & Mann, T. (2010). Opportunities in public policy to support infant and early childhood mental health. *American Psychologist, 1-11*.

Odom, S. L., Schwartz, I. S., & ECRII investigators (2002). So what do we know from all this? Synthesis points of research on preschool inclusion(pp. 151-174). In S. I. Odom (Ed.). *Widening the circle: Including children with disabilities in preschool programs*. New York: Teachers College Press.

Osofasky, J., & Fitzgerald, H. (2000). *WAIMH handbook of infant mental health: Early intervention evaluation, and assessment(Vol. 2)*. New York, NY: John Wiley & Sons.

Parker, J. G., & Asher, S. R. (1987). Peer relations and later personal adjustment: Are low accepted children at risk? *Psychological Bulletin, 102*. 357-389.

Papalia, D. E., Olds, S. W., & Feldman, R. D. (1999). *A child' s world: Infancy through adolescents*(8th edition). New York: McGraw-Hill.

Perry, D. F. (2007). Strategic fiancing of early childhood mental health services. In D. F. Perry, R. K. Kaufmann, & J. Knitzer (Eds.). *Social and emotional health in early childhood: Building bridges between services and systems*(pp. 211-229). Baltimore, MD: Paul H. Brookes.

Pinquart, M. (2005). Self-concept. In C. B. Fisher & R. M. Lerner (Eds.). *Encychopedia of applied developmental science*(Vol. 2, pp. 971-972). Thousand Oaks, CA: Sage.

Polloway, E. A., & Patton, J. R. (1993). *Strategies for teaching learners with special needs*(5th ed.). Columbus, OH: Merrill.

Pretti-Frontczak, K., & Bricker, D. (2004). *An activity-based approach to early intervention*(3rd ed.). Baltimore: Brooks.

Qi, C., & Kaiser, A. (2003). Behavior problems of preschool children from low-income families: Review of the literature. *Topics in Early Childhood Special Education, 23(4)*, 188-216.

Radke-Yarrow, M., & Zahn-Waxler, C. (1984). Roots, motives, and patterns in children' s prosocial behavior. In E. Staub, D. Bar-Tal, J. Karylowski, & J. Reykowski(Eds.). *Development and maintenance of prosocial behavior: International perspectives on positive behavior*(pp. 81-99). New York: Plenum.

Rochat, P., & Striano, T. (1999). Social-cognitive development in the first year. In P.

Rochat (Ed.). *Early social cognition: Understanding others in the first months of life*(pp. 3-34). Mahwah, NJ: Erlbaum.

Ross, D. M., & Ross, S. A. (1982). *Hyperactivity: Current issues, research and theory.* New York: Wiley.

Rubin, K. H., Bukowaski, W. M., & Parker, J. G. (2006). Peer interactions, relationships, and groups. In N. Eisenberg, W. Damon, & R. M. Lerner(Eds.). *Handbook of child psychology*(pp. 571-645). Hoboken, NJ: Wiley.

Santrock, J. W. (2006). *Child development*(10th ed.). Dubuque, IA: Brown and Benchmark.

Shaffer, D. R. (2005). *Social and personality development*(6th ed.). Belmont, CA: Wadsworth.

Sices, L. (2007). *Developmental screening in primary care: The effectiveness of current practice and recommendations for improvement*(The Commonwealth Fund Publication No. 1082). Retreved from http://www.commonwealthfund.org

Silverman, A. A. (1964). The problem of attention in research and theory in schizophrenia. *Psychological Review, 71*, 352-379.

Sparrow, S. S., Balla, D. A., & Cicchett, D. V. (1998). *Vineland SEES social-emotional early childhood scales.* Circle Pines, MN: American Guidance Service.

Squires, J., & Bricker, D. (2007). *An activity-based approach to developing young children's social emotional competence.* Baltimore, MD: Paul H. Brooks Publishing Co.

Squires, J., Bricker, D., & Twombly, I. (2002). *Ages & stage questionnaire?: Social-Emotional(ASQ: SE): A parent-completed, child-monitoring system for social-emotional behaviors.* Baltimore: Paul H. Brooks Publishing Co.

Squires, J., & Bricker, D. (2007). *An activity-based approach to developing young children's social emotional competence.* Baltimore, MD: Paul H. Brooks Publishing Co.

Sroufe, L. A. (1988). *The role of infant-caregiver attachment in development.* In J. Belsky & T. Nezworski (Eds.), *Clinical implications & attachment*(pp. 18-

38). Hillsdale, NJ: Erlbaum.

Stipek, D., J., Gralinski, J. H., & Kopp, C. B. (1990). Self-concept development in the toddler years. *Developmental Psychology, 26*, 972-977.

Termine, N. T., & Izard, C. E. (1988). Infant' s responses to their mother' s expressions of joy and sadness. *Developmental Psychology, 24*, 223-232.

Thomas, A., & Chess, S. (1985). The New York Longitudinal Study: From infancy to early adult life. In R. Plomin & J. Dunn(Eds.). *The study of temperament: Changes, continuities, and challenges*. Hillsdale, NJ: Erlbaum.

Thompson, R. A. (2006). The development of the person: Social understanding, relationships, conscience, self. In N Eisenberg, W. Damon, & R. M., Lerner(Eds.). *Handbook of child psychology*(pp. 24-98). Hoboken, NJ: Wiley.

Tomlin, A. M., & Viehweg, S. A. (2003). Infant mental health: Making a difference. *Professional Psychology: Research and Practice, 34(6)*, 617-625.

U. S. Department of Education, Office of Special Education Programs. (2009). *Infants and toddlers receiving early intervention services in accordance with Part C, 2008*(Data Analysis System Report OMB #820-0667). Retrieved from https://www.ideadata.org

U. S. Surgeon General. (2000). *Report of the surgeon general' s conference on children' s mental health: A national action agenda*. Washington, DC: U.S. Public Health Service.

Vandell, D. L., & Mueller, E. C. (1995). Peer play and friendships during the first two years. In H. C. Smith, A. J., Chapman, & J. R. Smith(Eds.). *Friendship and social relations in children*(pp. 181-208). New Brunswick, NJ: Transaction.

van der Mark, I. L., van Ijzendoorn, M. H., & Bakermans-Kranenburg, M. J. (2002). Development of empathy in girls during the second year of life. Associations with parenting attachment, and temperament. *Social Development, 11*, 451-468.

Voress, K. J., & Maddox, T. (1998). *Developmental Assessment of Young Children(DAYC)*. TX: Pearson.

Waters, E., & Deane, K. (1985). The Home Behavior Q-set. In I. Bretherton & E. Waters(Eds.), Growing points in attachment theory and research. *Monographs of the Society for Research in child Development, 50*, 41-65.

Wolery, M., Anthony, I., Caldwell, N. K., Synder, E. D., & Morgante, J. D. (2002). Embedding and distributing constant time delay in circle time and transitions. *Topics in Early Childhood Special Education, 22*, 14-25.

Zeanah, C. (Ed.) (2000). *Handbook of infant mental health*(2nd ed.). New York, NY: Guilford Press.

Zero to Three (1995). *Diagnostic classification: 0-3, diagnostic classification of mental health and developmental disorders of infancy and early childhood.* Arlingron, VA: National Center for Clinical Infant Programs.

부록 1

영유아 사회정서발달 향상을 위한 교육활동안

1 신체 활동

2 언어 활동

3 인지 활동

4 사회정서 활동

1 신체 활동

1) 신체-1

활동 단계	만 1세	활동명	쌀밥, 보리밥
발달 특성	• 감각, 상호작용, 친밀감, 애착형성, 대 · 소근육 활동		
중점 활동	• 상호작용		
활동목표	• 교사와 마주보고 앉아서 전통놀이를 경험한다. • 교사의 존재를 인식하고 놀이를 통하여 애착(친밀감)을 형성한다.		
활동자료	• 없음		
활동내용 및 방법	• 먼저 영아에게 손목을 모으고 손가락을 벌려 앞으로 내밀고 있게 한다. • 교사는 주먹을 쥐고 영아의 손 안으로 넣었다 뺐다 하면서 "쌀밥, 보리밥."을 말한다. • 마지막 부분에서 "쌀밥."을 하면 영아가 교사 손을 잡을 수 있고, "보리밥." 하면 잡을 수 없다. • 서로 역할을 바꾸어 해본다. • '쌀밥', '보리밥' 이라는 단어 대신 여러 가지 단어를 넣어(예 영아 이름과 선생님, 또는 엄마, 아빠) 할 수 있다.		

2) 신체-2

활동 단계	만 1세	활동명	난타
발달 특성	• 오감각 발달, 정서 표현, 대 · 소근육 발달, 손과 눈의 협응력 발달		
중점 활동	• 오감각, 손과 눈의 협응력, 정서 표현		
활동목표	• 주변의 도구를 활용하여 새로운 감각경험을 한다. • 다양한 소리를 통하여 청지각을 발달시킨다. • 여러 가지 소리를 활용하여 생각과 느낌을 표현해본다. • 소리를 만들어 봄으로써 창의적 사고 능력을 발달시킨다.		
활동자료	• 크기가 다른 냄비, 프라이팬, 냄비 뚜껑, 색돌, 요구르트 병, 노래 CD, 카세트		
활동내용 및 방법	• 여러 가지 주방용품에 대해 탐색한다. • 각 주방용품의 이름에 대해 설명한다. • 각 주방용품마다 가지고 있는 소리가 다름에 대해 이야기 나눈다. • 주방용품을 두드리며 소리를 느껴본다. • 영유아가 원하는 주방용품을 선택하도록 하여 자유롭게 두드리게 한다. • 깨끗이 씻어서 말려놓은 요구르트 병에 여러 가지 곡식 또는 색돌을 넣는다. • 입구를 막은 후 흔들어 소리를 내어보고, 그 소리의 느낌에 대해 이야기 나눈다. • 소리를 점점 크게, 점점 작게, 점점 세게, 기차처럼 빨리 등 다양한 소리를 내어 보도록 지도한다. • 각 영유아가 원하는 주방용품을 선택하게 하여 음악에 맞춰 신나게 두드려 본다. • 영유아가 감정이 발산되도록 시간을 충분히 할애한다.		

3) 신체-3

활동 단계	만 2세	활동명	그대로 멈춰라!
발달 특성	• 신체 조절력, 자신의 느낌과 감정 표현, 정서 인식 및 조절		
중점 활동	• 감정 표현과 신체 조절		
활동목표	• 움직이고 멈추는 반복된 동작을 통해 신체 조절력을 키운다. • 음악을 듣고 자신의 느낌을 몸으로 표현한다. • 동작을 통해 자신의 정서를 인식하고 표현한다. • 음악과 동작을 통해 감정을 공유한다.		
활동자료	• '그대로 멈춰라' 음악 CD		
활동내용 및 방법	• 교사는 '그대로 멈춰라!' 음악을 들려주며 자유롭게 움직여 춤을 추게 한다. • 음악의 중간중간 '그대로 멈춰라!', '움직이지 마!' 라는 제시어가 나오면 제시어에 맞춰 동작을 취하게 한다. • 음악과 맞춰 노래 부르며 몸을 움직이고 멈추는 동작을 반복해 보도록 한다. • 음악에 맞춰서 자신의 느낌과 감정을 표현하도록 해본다. • 음과 동작을 통해 자신의 즐거운 감정을 표출하도록 한다.		

4) 신체-4

활동 단계	만 2세	활동명	무지개 비가 내려요
발달 특성	• 눈과 손의 협응력, 대 · 소근육, 감각, 창의성, 정서 표현		
중점 활동	• 창의성과 감각 표현		
활동목표	• 다양한 색감각을 익힌다. • 활동을 통해 여러 가지 색을 탐색한다. • 활동을 통해 비가 내리는 모양을 관찰한다. • 비를 다양한 색으로 만들어본다. • 영유아가 원하는 색깔로 비에 대한 느낌을 표현해본다.		
활동자료	• 물 스프레이 통, 다양한 색 물감, 전지 비닐우산, 신문지, 비닐, 수건, 식용색소, 물풀, 바람 넣는 펌프		
활동내용 및 방법	• 전지 위에 여러 가지 물감이 들어있는 물 스프레이를 뿌려본다. • 벽을 따라 흐르는 여러 가지 색의 물감 비를 탐색한다. • 여러 가지 색을 섞어서 나만의 물감 비를 만들어 본다. • 비닐우산을 쓰고 친구에게 색깔물이 들어있는 스프레이를 뿌려본다. • 비닐우산 속 비가 떨어지는 모습과 우산 밑으로 떨어져 어떤 모양을 이루는지 관찰한다. • 색소 물을 타 놓은 물웅덩이 속에 들어가 첨벙첨벙해 본다. • 색깔 비에 대한 영유아의 생각과 느낌에 대해 이야기 나눈다.		

5) 신체-5

<table>
<tr><td>활동 단계</td><td>만 3세</td><td>활동명</td><td>친구를 따라 움직여요</td></tr>
<tr><td>발달 특성</td><td colspan="3">• 사회적 관계, 자신감과 독립심, 신체운동, 리더십</td></tr>
<tr><td>중점 활동</td><td colspan="3">• 사회 관계, 신체운동</td></tr>
<tr><td>활동목표</td><td colspan="3">• 자신감을 가지고 움직임을 만들어본다.
• 자신의 몸을 다양하게 움직이는 경험을 한다.
• 친구와 단짝이 되어 함께 움직여본다.
• 돌아가며 리더가 되어 움직임을 주도한다.</td></tr>
<tr><td>활동자료</td><td colspan="3">• 없음</td></tr>
<tr><td>활동내용 및 방법</td><td colspan="3">• 유아들과 함께 동요(예 나처럼 해봐요)를 부르며 음률 영역에 자리하고 앉는다.
• 유아가 각각 자신만의 움직임을 만들어 본다.
• 두 친구가 한 짝이 되어 움직임을 같이 해본다.
• 두 친구가 짝이 되어 한 친구의 움직임을 따라한다.
• 한 유아가 동작을 만들어 내고, 나머지 유아가 이를 따라한다.
• 유아들이 하나씩 오늘의 리더가 될 수 있는 기회를 제공하며 놀이를 진행한다.</td></tr>
</table>

6) 신체-6

활동 단계	만 3세	활동명	밀가루 풀장
발달 특성	• 오감각, 대 · 소근육 발달, 정서 표현, 정서공유, 인지 개념		
중점 활동	• 감각놀이		
활동목표	• 밀가루의 촉감을 느껴본다. • 온몸으로 밀가루를 느끼며 오감각을 발달시킨다. • 밀가루놀이를 통해 부정적 정서를 발산한다. • 즐거운 밀가루놀이를 통해 또래들 간에 정서를 공유한다.		
활동자료	• 밀가루, 돗자리, 볼, 모래놀이 세트, 모양 틀 등		
활동내용 및 방법	• 돗자리를 깔고 그 위에 밀가루를 넣어준다. • 자유롭게 밀가루를 탐색하고 온몸을 이용해 밀가루의 촉감을 느껴본다. • 밀가루를 만져보고 그 느낌을 표현해본다. • 밀가루를 만지며 다양하게 밀가루로 작품을 만들어본다. • 밀가루로 만든 작품을 친구들에게 보여주며 설명하도록 한다. • 친구들이 밀가루를 만져보고 느껴본 것에 대해 이야기를 나누도록 격려한다. • 밀가루가 쓰이는 용도를 생각해보며 이야기를 나눈다.		

2 언어 활동

1) 언어-1

활동 단계	만 1세	활동명	코는 어디 있나요?
발달 특성	• 듣기 능력, 시각적 탐색, 애착 형성		
중점 활동	• 경험 공유하기		
활동목표	• 문장을 정확하게 듣고 지시에 따라 얼굴의 해당 부분을 가리킨다. • 언어적 상호작용을 한다. • 시각적 탐색을 통해 얼굴의 해당 부분을 인식한다. • 본인의 얼굴과 다른 사람의 얼굴에 대한 탐색을 통해 자아 인식을 형성한다.		
활동자료	• 얼굴 형태가 그려져 있는 판, 눈 · 코 · 입 · 귀가 각각 그려진 그림 카드, 안전거울, 스티커		
활동내용 및 방법	• 영유아의 정확히 듣기 능력을 지도한다. • 영유아의 눈높이와 놀이 속도에 맞춰서 진행한다. • 영유아 본인의 얼굴을 인식한다. • 안전거울을 이용해서 영유아 자기 얼굴에 스티커를 붙인다. • 다른 사람의 얼굴도 인식한다.		

2) 언어-2

활동 단계	만 2세	활동명	까미는 장난감을 빌려 주기 싫어해요
발달 특성	• 듣기, 말하기, 자신의 느낌과 생각 말하기, 정서 이해		
중점 활동	• 의사소통		
활동목표	• 동화의 내용을 이해하여 줄거리를 말해볼 수 있다. • 동화를 듣고 동화 속 주인공의 다양한 감정을 느낀다. • 동화 속 주인공의 부정적 정서와 긍정적 정서를 분리하여 이해할 수 있다.		
활동자료	• 그림책 『까미는 장난감을 빌려주기 싫어해요』(글 · 알린느드패티니, 솔출판사, 2002) , 까미 막대인형		
활동내용 및 방법	• 까미 막대인형을 등장시켜 유아들의 주의를 집중시킨다. • 유아에게 그림책을 소개하고 읽어준다. • 그림책을 읽은 후, 관심 있어 하는 장면을 다시 보며 이야기 나눈다. • 그림책의 각 장면에 대한 유아의 생각과 느낌을 말해본다. • 그림책 주인공의 감정에 대해 말해본다.		

3) 언어-3

활동 단계	만 2세	활동명	나만의 해바라기
발달 특성	• 읽기, 오감각, 색의 감각, 창의성, 정서 표현		
중점 활동	• 동화 감상		
활동목표	• 동화를 감상한다. • 동화의 해바라기 색에 대한 감각을 익힌다. • 손바닥 찍기를 통해 오감각을 발달시킨다. • 나만의 해바라기를 통해 느낌과 정서를 표현한다. • 친구들과 함께 꾸미기를 통해 사회성을 기른다.		
활동자료	• 투명비닐, 신문지, 전지, 물감, 팔레트, 붓, 스탬프, 동화책 『반 고흐와 해바라기 소년』(글 · 로렌스 안홀트, 웅진닷컴, 2001), 해바라기 실물 그림 자료		
활동내용 및 방법	• 동화책 『반 고흐와 해바라기 소년』을 감상한다. • 동화책 감상 후 해바라기를 본 경험과 느낌에 대해 이야기를 나눈다. • 해바라기 실물 그림 자료를 보며 생김새와 색깔에 대해 이해한다. • 벽면에 붙은 전지에 붙인다. • 미리 그려진 꽃대 위에 꽃잎을 그리도록 한다. • 꽃잎을 표현하기 위해 주황색, 귤색, 노란색 물감이 묻은 스탬프에 손바닥을 찍어 물감을 묻힌다. • 손바닥 찍기를 하면서 나만의 꽃잎을 표현해본다. • 각자 만든 꽃잎을 친구들과 함께 감상하며 느낌에 대해 이야기를 나눈다.		

4) 언어-4

활동 단계	만 3세	활동명	손 인형으로 말하며 인사해요
발달 특성	• 상황에 따른 적절한 언어 사용, 사회 관계 파악, 정서 표현		
중점 활동	• 상황에 맞는 언어 사용		
활동목표	• 손 인형놀이를 통해 자신의 생각이나 경험을 보다 친밀하게 표현한다. • 손 인형으로 상황에 따른 적절한 이야기를 한다. • 손 인형을 통해 다른 사람의 감정이나 생각을 표현해본다.		
활동자료	• 여러 가지 손인형(동물이나 사람)		
활동내용 및 방법	• 유아들과 손 인형을 함께 끼고 움직이며 이야기를 나눈다. • 유아들과 이름, 어느 반에서 왔는지, 좋아하는 과일이나 놀이가 무엇인지 등 개별적인 대화를 나눈다. • 유아들과 손 인형으로 이야기를 나누고 함께 할 수 있는 놀이를 제안해 본다. • 손 인형으로 말하고 싶은 유아들을 선정한다. • 손 인형을 통해 유아들 자신의 생각이나 느낌 또는 친구들한테 하고 싶은 말들을 자유롭게 표현하도록 해준다.		

5) 언어-5

활동 단계	만 3세	활동명	동물 무도회
발달 특성	• 언어발표력, 또래 협력, 정서 표현		
중점 활동	• 언어발표력		
활동목표	• 다양한 동물의 유형을 습득한다. • 동물의 소리와 움직임에 대해 알아본다. • 역할극을 통해 또래 협력을 기른다. • 역할극을 통해 언어적 표현력과 발표력을 기른다. • 역할극을 통해 생각과 느낌을 표현한다.		
활동자료	• 동물 모자 그림, 사인펜, 색연필, 크레파스, 여러 가지 동극 소품(다양한 똥), 동화책 『누가 내 머리에 똥 쌌어?』(글 · 베르너 홀츠바르트, 그림 · 볼프 에를브루흐, 사계절, 2002), 동물들의 움직임을 보여주는 동영상 자료		
활동내용 및 방법	• 동화책 『누가 내 머리에 똥 쌌어?』를 읽어준다. • 동화책의 여러 인물 중에 하고 싶은 인물을 선택하게 한다. • 유아 자신이 선택 동물의 윤곽이 그려진 모자 그림을 선택한다. • 모자 그림 안에 동물의 생김새를 그려 넣고, 다양한 재료를 이용해 색칠하여 꾸미도록 격려한다. • 각자 꾸민 동물 모자를 쓴다. • 동물 모자를 쓰고 동물이 되어 동물의 소리와 움직임을 표현한다. • 동물 모자를 쓰고 동물이 되어 각 동물의 역할을 해본다. • 각 동물들의 움직임과 울음소리에 대해 이야기를 나눈다. • 동물들의 어떤 모습을 표현했는지 이야기를 나눈다. • 동물들의 재미있는 표현이나 지켜야 할 약속에 대해 다시 한 번 확인한 후 역할을 바꾸어 해본다.		

03 인지 활동

1) 인지-1

활동 단계	만 1세	활동명	숨은 장난감 찾기
발달 특성	• 대상 연속성, 친밀감 및 안정감, 애착 형성		
중점 활동	• 사물 인지		
활동목표	• 사물을 관찰하여 인지할 수 있다. • 대상영속성이 발달한다. • 개별적인 상호작용을 통한 친밀감과 안정감을 형성한다.		
활동자료	• 컵 2~3개(불투명한 것), 장난감 작은 것		
활동내용 및 방법	• 2~3개의 컵을 늘어놓고 영유아가 보도록 한다. 영유아가 보고 있는 동안 1개의 컵 아래에 장난감을 감춘다. • 영유아가 장난감을 찾도록 한다. • 영유아가 보고 있는 컵을 바꿔가며 게임을 하듯이 장난감을 숨기고 찾도록 한다. • 영유아가 잘 찾았을 때 꼭 안아주며 칭찬한다. • 영유아가 여러 번의 시행착오를 하더라도 지속적으로 격려해주며 잘 할 수 있도록 지원해준다.		

2) 인지-2

활동 단계	만 2세	활동명	삼색 주먹밥 만들기
발달 특성	• 오감각 · 소근육 발달, 긍정적 정서, 또래 협력, 개념 습득		
중점 활동	• 감각기능 및 사회성 발달		
활동목표	• 맛보기, 냄새 맡기, 만져보기, 모양 관찰하기 등 오감을 사용한다. • 요리과정을 통해 만들었다는 성취감과 먹는 즐거움을 경험한다. • 음식과 관련된 새로운 어휘와 의성어, 의태어 등을 표현한다. • 요리와 관련된 재료에 대한 개념을 습득한다. • 친구들과 함께 요리하며 사회성을 기른다. • 음식을 통한 바른 식습관 태도를 기른다.		
활동자료	• 밥, 삶은 계란 노른자, 삶은 계란 흰자, 김, 채, 위생 장갑, 숟가락, 접시, 보리차		
활동내용 및 방법	• 삶은 계란을 각각 흰자와 노른자로 나누어 채로 곱게 가루로 만들고, 김도 잘 부수어 가루로 만든 후 접시에 담아 놓는다. • 밥을 동그랗게 뭉친 후 접시에 준비된 계란 노른자, 흰자, 김 등의 가루에 밥을 굴려 색깔 옷을 입힌다. • 빈 접시에 삼색 주먹밥을 담는다. • 예쁘게 담아 놓은 요리를 보리차와 함께 먹는다.		

3) 인지-3

<table>
<tr><th>활동 단계</th><td>만 3세</td><th>활동명</th><td>우리 가족은 ○명이에요</td></tr>
<tr><th>발달 특성</th><td colspan="3">• 가족 관계, 사회 관계, 수 개념</td></tr>
<tr><th>중점 활동</th><td colspan="3">• 수 개념</td></tr>
<tr><th>활동목표</th><td colspan="3">• 가족 구성원에 대해 알아본다.
• 가족의 역할에 대해 이야기한다.
• 가족 구성원에서 본인의 역할을 알아본다.
• 수에 대한 개념을 형성한다.</td></tr>
<tr><th>활동자료</th><td colspan="3">• 집 배경판, 가족 구성원 그림
〈만드는 방법의 예〉
• 종이에 집 그림을 그리고 우드락을 뒤에 댄다. 3~4개 정도 만든다.
• 집 그림에 투명 시트지를 감싸고 벨크로(보들이)를 붙인다.
• 가족 구성원 그림(아빠, 엄마, 할머니, 할아버지, 언니, 오빠, 동생, 아기 등)을 3~4장 그린다. 이를 코팅한 후 뒷면에 벨크로(까끌이)를 붙인다.</td></tr>
<tr><th>활동내용 및 방법</th><td colspan="3">• 사전에 집에서 가지고 온 가족사진 등을 보며 유아가 자신의 가족을 소개하는 경험을 갖는다.
• 수 · 조작 영역에 자료를 제공하고 유아와 탐색한다.
• 집 배경 그림에 가족 구성원 그림을 붙이고 가족 수를 세어본다.
• 가족 구성원 그림을 붙이고, 각 가족 구성원의 역할에 대해 이야기를 나눈다.
• 가족 구성원에서 유아의 역할에 대해 생각해본다.
• 가정에서의 유아의 생활에 대해 이야기를 나눈다.</td></tr>
</table>

4 사회정서 활동

1) 사회정서-1

활동 단계	만 1세	활동명	○○이를 보면 안아주고 싶어요
발달 특성	• 즐거운 상호작용, 의사소통 능력, 애정 표현		
중점 활동	• 또래 상호작용		
활동목표	• 또래들과 긍정적인 상호작용하는 방법을 익힌다. • 의사소통(수용적 언어) 능력이 향상될 수 있다. • 또래들과 즐거운 상호작용하는 기회를 갖는다. • 친구들에게 애정을 표현한다.		
활동자료	• 없음		
활동내용 및 방법	• 영아들은 원으로 빙 둘러 앉는다. • 교사는 원 안으로 들어가 노래를 부르며 영아 개개인을 안아주고 애정 표현을 한다. • 영아가 친구를 좋아하는 마음을 표현해 내는 다른 긍정적인 상호작용 방법 등을 제안해서 행동할 경우에는 칭찬으로 격려해준다.		

2) 사회정서-2

활동 단계	만 2세	활동명	쉿! 아기 인형이 코~, 잠자요
발달 특성	• 가족 관계, 정서 인식 및 조절, 다른 사람의 정서에 관심 가지기		
중점 활동	• 가작화놀이		
활동목표	• 인형을 이용하여 단순한 가작화놀이를 해본다. • 인형을 돌봐주며 다른 사람의 정서에 관심을 가져본다. • 인형을 돌봐주며 감정과 느낌을 표현해본다. • 인형을 돌봐주며 형님이 된 기분을 느껴본다.		
활동자료	• 여러 가지 아기 인형, 아기 담요, 아기와 관련된 소품		
활동내용 및 방법	• 역할 영역에 인형과 담요, 포대기 등을 바구니에 담아 준비해 놓는다. • 교사는 거리를 두고 유아가 자유롭게 인형을 가지고 탐색, 놀이를 할 수 있도록 지켜본다. • 유아의 놀이 활동을 보고 적절히 반응하며, 인형을 돌봐주는 느낌이나 생각에 대해 물어본다. • 인형에 관련된 소품을 사용할 수 있도록 제안한다. • 인형을 돌봐주는 놀이를 통해 다른 사람에 대한 관심과 배려를 가지도록 도와준다.		

3) 사회정서-3

활동 단계	만 2세	활동명	생일잔치놀이
발달 특성	• 정서 표현, 정서 이해, 소근육발달, 창의성, 또래 애착 형성		
중점 활동	• 생일잔치놀이		
활동목표	• 모래와 실외의 자연물을 탐색한다. • 모래놀이 활동을 통하여 소근육을 발달시킨다. • 모래 케이크를 통하여 생일의 기쁨을 표현하고 느낀다. • 다양한 모래 케이크를 만들기를 통하여 창의성을 증진시킨다.		
활동자료	• 원내 모래놀이터의 모래, 나뭇잎, 나뭇가지, 꽃 등		
활동내용 및 방법	• 모래놀이터의 모래를 만지고 비벼보며 느끼면서 탐색해본다. • 모래를 한 곳으로 모아 커다랗게 생일 케이크를 만들어본다. • 영유아들이 자유롭게 다양한 케이크를 만들어 보도록 격려한다. • 주변의 자연물(예 나뭇잎, 나뭇가지, 꽃 등)을 모아온다. • 모래 케이크 위에 자연물을 섞어서 생일 케이크를 만들어본다. • 돌아가며 영유아들의 이름을 부르며 생일잔치놀이를 한다. • 생일잔치 때 느꼈던 느낌이니 경험에 대해 말해본다. • 모든 사람들의 생일의 소중함을 이야기 나눈다.		

4) 사회정서-4

<table>
<tr><td>활동 단계</td><td>만 3세</td><td>활동명</td><td>얼굴 표정을 만들어요</td></tr>
<tr><td>발달 특성</td><td colspan="3">• 정서 인식, 정서 표현, 사회 관계, 감각과 신체 인식</td></tr>
<tr><td>중점 활동</td><td colspan="3">• 다양한 정서 인식</td></tr>
<tr><td>활동목표</td><td colspan="3">• 얼굴 생김새에 관심을 갖는다.
• 다양한 얼굴 생김새(색깔)에 대해 이야기를 나눈다.
• 다양한 얼굴 표정에서 나타나는 감정을 이해한다.
• 다양한 감정을 표현해본다.</td></tr>
<tr><td>활동자료</td><td colspan="3">• 다양한 인종의 얼굴 그림, 그림 배경판, 그림 카드(눈썹, 눈, 코, 입, 귀, 머리색)</td></tr>
<tr><td>활동내용 및 방법</td><td colspan="3">• 얼굴 그림 배경판과 바구니에 담긴 그림 카드를 조작 영역에 제공한다.
• 그림 카드를 이용해 얼굴을 꾸민다.
• 그림 카드를 이용해 다양한 인종의 얼굴을 만들어본다.
• 다양한 인종의 얼굴에 대해 이야기를 나눈다.
• 다양한 얼굴 표정에서 나타나는 감정에 대해 이야기를 나눈다.
• 유아의 감정이나 느낌을 얼굴 표정으로 표현해본다.</td></tr>
</table>

5) 사회정서-5

활동 단계	만 3세	활동명	밀가루 풀로 놀자
발달 특성	• 감각, 정서 표현, 또래 상호작용, 인지 개념		
중점 활동	• 또래 상호작용		
활동목표	• 밀가루 풀의 특성을 알아본다. • 밀가루 풀을 온몸으로 체험하고 표현한다. • 밀가루 풀 활동을 통해 적극적인 또래 상호작용을 한다.		
활동자료	• 야외용 돗자리, 밀가루 풀, 식용색소, 전지		
활동내용 및 방법	• 밀가루 풀을 만드는 과정을 유아들에게 보여준다. • 불을 사용하는 것은 위험하니 유아들은 관찰만 하도록 한다. • 밀가루 풀의 특성을 알아본다. • 밀가루 풀에 대한 느낌에 대해 이야기를 나누고 표현해본다. • 밀가루 풀에 색소를 넣어 색의 변화를 체험한다. • 색소를 넣은 밀가루 풀로 손가락 그림을 그려본다. • 친구들과 함께 밀가루 풀로 그림을 그려보며 표현해본다.		

부록 2

영유아의 또래 공격성 지도를 위한 사회정서 개별화 교육활동의 예

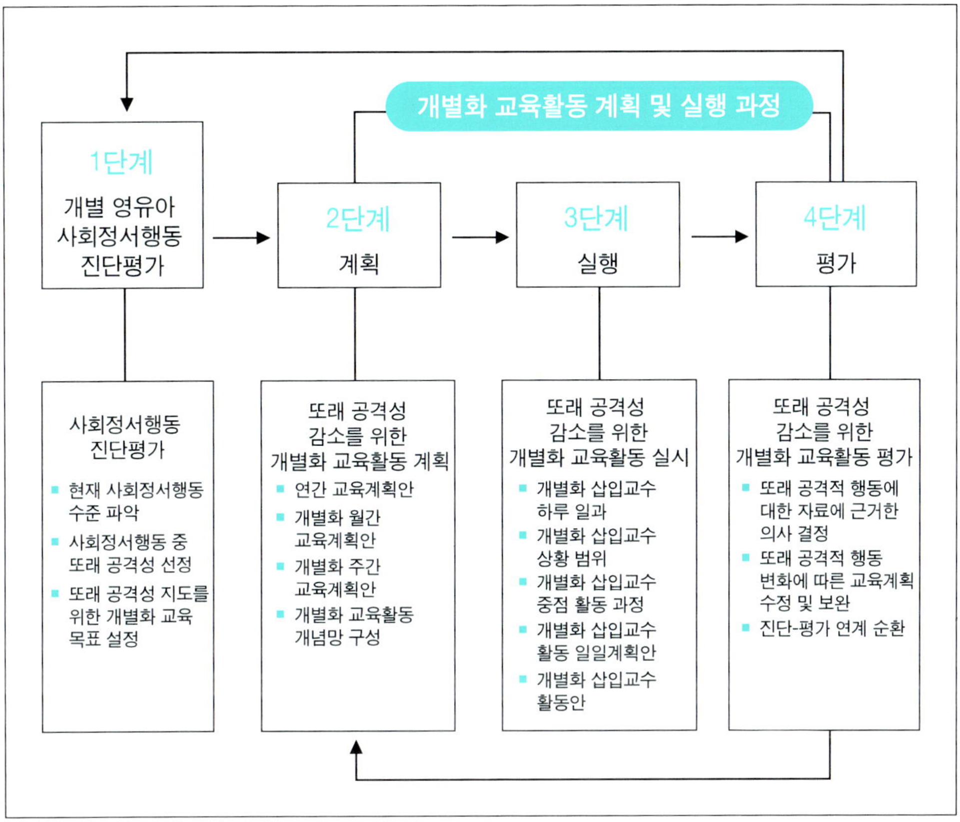

그림 ❶ 영유아 B○○의 개별화 교육활동의 계획 및 실행 모형

- 영유아 사회정서행동 진단평가에 근거하여 문제의 소지를 가진 영유아 B○○를 파악한다.
- 영유아 B○○의 사회정서행동 중에 또래 공격성 문제를 선별한다.
- 또래 공격성에 대한 조작적 정의를 내리고 그에 따른 학급 일과 및 활동 내 삽입교

* 부록 2는 박정란(2013), 「만 2세 영유아의 또래 공격성 지도를 위한 사회정서 개별화 교육활동」, 숙명여자대학교 원격대학원 미간행 석사학위 청구논문(in process)의 일부를 발췌 · 정리하였다.

수를 설정한다.

- 영유아 B○○의 또래 공격성 감소를 위한 개별적인 목표의 학급일과 및 활동 내의 삽입교수를 실시한다.
- 개별화 삽입교수 시에 가능한 자연스런 맥락으로 접근한다.
- 개별화 삽입교수 시에 영유아 B○○의 선호도와 흥미를 최대한으로 활용한다.
- 개별화 삽입교수 시에 영유아 B○○의 시도를 존중한다.
- 영유아 B○○의 또래 공격성 감소 변화에 따른 교육계획을 수정 및 보완한다.
- 영유아 B○○의 또래 공격성 행동에 대한 진단-평가로 연계 순환한다.

01 1단계: 개별 영유아 사회정서행동 진단평가

1) 영유아 사회정서행동 진단평가

- 학급 전체 영유아의 사회정서행동 진단평가를 실시
- 영유아 사회정서행동 진단평가에 근거하여 개별 영유아 B○○를 선정
- 영유아 B○○의 사회정서행동 중에 또래 공격성을 선정
- 검사기간: 2012년 10월 8일~10월 30일

학급 전체 영유아의 사회정서행동 진단평가 결과

사회정서행동 척도 영역 및 하위 요소		채OO	배OO	윤OO	오OO	김OO	박OO	정OO	이OO	최OO	방OO	이OO	이OO	BOO
사회 정서성	주의집중	15	12	15	11	10	20	15	10	15	6	15	10	8
	자아 인식	13	5	13	8	18	13	14	14	13	12	7	7	6
	정서 조절	10	15	25	19	20	29	19	16	25	12	17	14	9
사회적 관계	친사회적 행동	13	8	17	7	19	24	17	14	16	11	10	8	8
	사회적 행동	12	5	19	5	18	20	15	18	16	14	5	5	8
외면적 문제 행동	반항성	12	8	5	6	4	4	6	7	5	12	7	10	16
	또래 공격성	14	10	9	12	14	11	16	15	9	23	10	12	30
내면적 문제 행동	우울 · 위축	11	14	5	15	6	5	9	7	8	15	16	20	19
	격리불안	9	6	5	5	6	5	6	7	5	11	14	20	15
수면 · 식사 문제 행동	수면 문제	6	3	3	3	4	3	4	4	3	5	3	9	12
	식사 문제	6	4	5	8	11	4	8	5	5	10	5	13	15

2) 영유아 B○○의 사회정서행동 중 또래 공격성 선정

(1) 영유아 B○○의 인적사항

- 이름: B○○
- 성별: 남(V)　 여 ( )
- 생년월일: 2009년 11월 26일
- 가족관계: 아버지(38), 어머니(36)

(2) 영유아 B○○의 현재 발달 능력

<table>
<tr><th colspan="6">영유아 B○○의 현재 발달 수준</th></tr>
<tr><th colspan="2">성명</th><td>B○○</td><th>반 연령</th><td>만 2세 반</td><th>생년월일</th><td>2009년 11월 26일</td></tr>
<tr><td rowspan="13">현재 발달 수행 능력</td><td rowspan="6">장점</td><td>소근육 영역</td><td colspan="4">• 그리기, 자르기, 붙이기 등의 활동을 좋아한다.</td></tr>
<tr><td>대근육 영역</td><td colspan="4">• 신체의 움직임에 대한 욕구가 강하다.</td></tr>
<tr><td>적응 영역</td><td colspan="4">• 호기심이 많아 새로운 활동(놀이) 참여에 적극적이다.</td></tr>
<tr><td>인지 영역</td><td colspan="4">• 반복되는 기본생활 습관은 흐름을 잘 기억한다.</td></tr>
<tr><td>사회-의사소통 영역</td><td colspan="4">• 요구하기, 거부하기 중심의 제한된 의도를 표현할 수 있다.</td></tr>
<tr><td>사회성 영역</td><td colspan="4">• 친구들의 행동과 말을 잘 모방한다.</td></tr>
<tr><td rowspan="6">기대사항</td><td>소근육 영역</td><td colspan="4">• 색연필이나 숟가락, 포크를 잡을 때에 올바르게 잡는다.</td></tr>
<tr><td>대근육 영역</td><td colspan="4">• 교실에서 뛰지 않고 천천히 걷는다.</td></tr>
<tr><td>적응 영역</td><td colspan="4">• 하루 일과 활동에 스스로 참여한다.</td></tr>
<tr><td>인지 영역</td><td colspan="4">• 교육활동시간에 처음부터 끝까지 앉아서 집중한다.</td></tr>
<tr><td>사회-의사소통 영역</td><td colspan="4">• 자신의 감정과 욕구를 행동보다는 언어로 표현한다.</td></tr>
<tr><td>사회성 영역</td><td colspan="4">• 기본생활 규칙을 지킨다. (예 뛰지 않기, 줄서기, 장난감 정리하기, 휴지 쓰레기통에 버리기, 간식이나 식사 제자리에서 하기, 교육활동 시 돌아다니지 않기)
• 또래와 함께 놀이 활동한다.
• 자기 마음대로 되지 않을 때에 친구에게 공격적인 행동을 하지 않는다. (예 장난감으로 친구 때리지 않기, 친구에게 장난감 집어 던지지 않기, 친구 위에 타고 목 조르지 않기, 얼굴 꼬집지 않기 등)</td></tr>
<tr><td>흥미</td><td colspan="5">• 신체 활동을 좋아한다.
• 종이에 그리거나 가위로 오리기를 좋아한다.
• 순서대로 나열하기를 좋아하고, 블록으로 쌓기놀이를 즐겨한다.</td></tr>
<tr><td colspan="2">학부모 희망 사항</td><td colspan="5">• 참고 기다릴 줄 알기
• 친구들과 함께 놀기
• 말을 더 잘하기
• 교육활동에 참여하기</td></tr>
</table>

(3) 현재 수준에 근거한 또래 공격성 감소를 위한 단기 및 장기 교육목표 설정

영유아 BOO의 또래 공격성 현행 수준, 단기목표 및 장기목표 설정

사회정서 행동 영역	영유아 BOO의 현행 수준		단기목표	장기목표	기간	
					시작일	종료일
또래 공격성	강점	• 또래에 대한 의도적인 신체적 공격성이 보이지 않는다.	• 자신이 한 공격적인 행동의 결과를 인식한다. • 자신의 행동에 대한 반성의 말과 행동을 한다. • 또래 친구에게 즉시 사과한다. • 또래의 사회적 행동에 적절하게 반응한다. • 교사의 지시에 잘 따라하도록 한다.	• 친구의 놀이를 존중한다. • 놀이감을 공유한다. • 놀이감 등의 물건을 친구들에게 던지지 않는다. • 놀이할 때에 놀이 규칙을 지키며, 순서를 기다린다. • 생각과 행동을 말로 표현해본다. • 자신의 행동, 생각, 감정이 다른 사람에게 어떠한 영향을 주는지에 대해 이해한다. • 또래 친구와 의사소통을 자발적으로 한다. • 또래와의 긍정적 상호작용을 유지한다.	2012년 10월 12일	2013년 2월 5일
	우선적 지도점	• 친구의 장난감이나 놀이를 망가뜨린다. • 장난감을 공유하지 못하고 뺏는다. • 놀이감을 친구에게 던진다. • 친구의 얼굴을 꼬집지 않는다. • 친구 위에 올라타고 목 조르지 않는다. • 소리 지르며 돌아다니지 않는다.				

2 2단계: 개별화 교육활동 계획

1) 만 2세 영유아를 위한 표준보육과정 연간 교육계획안

만 2세 영유아를 위한 표준보육과정 연간 교육계획안

월	대주제	주	소주제	월	대주제	주	소주제
3	어린이집에 왔어요	1	어린이집에 왔어요	9	교통기관/추석	1	자동차놀이를 해요
		2	우리 선생님, 우리반이에요			2	땅 속을 달려요
		3	내 물건과 내 옷장이에요			3	안전하게 타요
		4	재미있는 곳이 많아요			4	즐거운 추석
4	놀이감 탐색/봄나들이 가요	1	놀이감이 재미있어요	10	알록달록 가을/우리 동네	1	빨갛게, 노랗게
		2	재미있는 모래놀이 해요			2	열매가 달렸어요
		3	꽃과 나비가 있어요			3	우리 동네예요
		4	산책을 가요			4	병원, 약국놀이
						5	마트에서 놀아요
5	가족	1	어린이날, 어버이날	11	재미있는 색깔놀이 모양놀이	1	여러 가지 색깔이 있어요
		2	우리 가족을 소개해요			2	색깔로 놀이해요
		3	엄마, 아빠가 좋아요			3	여러 가지 모양이 있어요
		4	엄마, 아빠를 흉내내요			4	모양놀이를 해요
		5	할아버지, 할머니가 계세요				
6	나	1	나는 누구일까요?	12	추워요	1	날씨가 추워졌어요
		2	예쁜 내 얼굴			2	옷차림이 달라요
		3	몸을 움직이고 느껴봐요			3	메리 크리스마스
		4	내가 좋아하는 것이 있어요			4	눈이 내려요

월	대주제	주	소주제	월	대주제	주	소주제
7	동물	1	내가 좋아하는 동물들	1	새해/ 친구	1	한 살 더 먹어요
		2	동물처럼 소리를 내요			2	친구 이름 알기
		3	동물처럼 움직여요			3	친구 것과 나의 것
		4	엄마 동물과 아기 동물이 있어요			4	친구에게 나눠주기
						5	친구와 함께 해요
8	더워요/ 물놀이 가요	1	날씨가 더워졌어요	2	설날/ 씩씩한 형, 언니가 될 수 있어요	1	새해 복 많이 받으세요
		2	시원한 여름을 보내려면			2	많이 자랐어요
		3	새콤달콤 맛있는 과일			3	형, 언니가 되었어요
		4	첨벙첨벙 물놀이			4	도와줄 수 있어요
		5	물 속 나라 친구들				

2) 만 2세 영유아를 위한 개별화 월간 교육계획안

12월 주제: 날씨가 추워졌어요

활동		1주	2주	3주	4주
소주제		바람이 쌩쌩, 손이 꽁꽁	겨울에 사용해요	메리 크리스마스	눈이 내려요
등원 및 맞이하기		• 영유아의 건강 상태 및 정서 파악하기 • 영유아의 눈높이를 맞추며 인사하고 따스하게 반기기			
자유선택 활동	신체	• 털실 공을 굴려요 • 낚시놀이	• 양말 스케이트 타기 • 낙하산놀이	• 선물을 전달해요 • 공 전달하기	• 신문지 축구놀이 • 신문지 기차
	쌓기	• 스펀지 블록으로 따뜻한 집을 꾸며요	• 블록으로 얼음집을 만들기	• 크리스마스 트리 만들어 보기	• 겨울 길 만들기
	역할	• 감기에 걸렸어요 • 동화책 주인공 되어보기	• 털모자, 장갑, 목도리 해보기 • 동화책 주인공 되어보기	• 산타할아버지 되어보기 • 동화책 주인공 되어보기	• 호빵 만들기 • 동화책 주인공 되어보기
	언어	〈동화 · 이야기 나누기〉 • 눈이 내리면 • 나랑 같이 놀자	〈동화 · 이야기 나누기〉 • 겨울아 안녕 • 너무너무 하가 나	〈동화 · 이야기 나누기〉 • 내가 받고 싶은 선물은? • 다 내거야	〈동화 · 이야기 나누기〉 • 안녕! 눈사람 • 울지 말고 말하렴
	창의적 표현	• 둥둥 북소리를 듣고 걸어요 • 나 따라 해봐요	• 털모자 눈사람 • 옆에 옆에	• 캐럴 들으며 방울을 흔들어요 • 머리, 어깨, 무릎, 발	• 눈 위에 그려요 • 그대로 멈춰라!
	탐색 및 조작	• 겨울나무에게 옷을 입혀요 • 동화책 주인공 가면 만들기	• 비밀상자에서 겨울에 쓰는 물건 꺼내기 • 동화책 주인공 얼굴 그리기	• 산타할아버지 퍼즐 맞추기 • 동화책 주인공 가면 만들기	• 얼음이 녹네 • 동화책 주인공 얼굴 그리기

활동	1주	2주	3주	4주
실외 활동	• 겨울바람을 느껴 봐요 • 입김이 나와요	• 차가워진 손, 얼굴을 만져 봐요 • 눈을 만져 봐요	• 겨울나무 관찰하기 • 비닐 눈썰매 타기	• 눈사람 만들기 • 스카프 바람에 날려보기
안전교육	• 약물 오 · 남용: 우리 약은 달라요	• 교통안전교육: 지하철을 탈 때는 이렇게 말해요	• 무서운 가스 • 소방대피훈련	• 화재 시 대처행동 알기
기본생활습관	• 콧물 나올 때 휴지로 닦기	• 외투 혼자서 걸어보기	• 감기 조심하기	• 스스로 옷 정리하기
영유아 BOO의 또래 공격성 감소를 위한 개별화 교육활동	• 친사회적 그림동화 읽고 이야기 나누기 • 신체적 활동을 통한 또래관계 증진하기 • 음악적 활동을 통한 또래관계 증진하기 • 공격적 행동을 할 때마다 친구에게 사과하기			

3) 만 2세 영유아를 위한 개별화 주간 교육계획안

<table>
<tr><th colspan="7">12월 1주차 교육계획안</th></tr>
<tr><td colspan="2">기간</td><td colspan="2">2012년 12월 3일~12월 7일</td><td rowspan="3">담임</td><td rowspan="3">박○○</td><td rowspan="3">원장 김○○</td></tr>
<tr><td colspan="2">생활주제</td><td colspan="2">날씨가 추워졌어요</td></tr>
<tr><td colspan="2">소주제</td><td colspan="2">바람이 쌩쌩, 손이 꽁꽁</td></tr>
<tr><td colspan="2">목표</td><td colspan="5">겨울철의 차가운 날씨에 관심을 갖고, 생활의 변화를 느껴본다.</td></tr>
<tr><td colspan="2">요일
영역</td><td>월(12/3)</td><td>화(12/4)</td><td>수(12/5)</td><td>목(12/6)</td><td>금(5/25)</td></tr>
<tr><td colspan="2">등원 및 인사하기</td><td colspan="5">• 영유아의 건강 상태 및 정서 파악하기
• 영유아의 눈높이를 맞추며 인사하고 따스하게 반기기</td></tr>
<tr><td rowspan="6">자유선택 활동</td><td>쌓기 영역</td><td colspan="5">• 스펀지 블록으로 따뜻한 집을 꾸며요</td></tr>
<tr><td>역할 영역</td><td colspan="2">• 감기에 걸렸어요</td><td colspan="3">• 동화책 주인공 되어보기</td></tr>
<tr><td>신체운동</td><td colspan="2">• 털실 공을 굴려요</td><td colspan="3">• 낚시놀이</td></tr>
<tr><td>언어 영역</td><td colspan="2">〈동화 · 이야기 나누기〉
• 눈이 내리면</td><td colspan="3">• 나랑 같이 놀자</td></tr>
<tr><td>탐구 및 조작 영역</td><td colspan="2">• 겨울나무에게 옷을 입혀요</td><td colspan="3">• 동화책 주인공 가면 만들기</td></tr>
<tr><td>창의 영역</td><td colspan="2">• 둥둥 북소리를 듣고 걸어요</td><td colspan="3">• 나 따라 해봐요</td></tr>
<tr><td colspan="2">실외 활동</td><td colspan="2">• 겨울바람을 느껴봐요</td><td colspan="3">• 입김이 나와요</td></tr>
<tr><td colspan="2">안전교육</td><td colspan="5">• 약물 오 · 남용: 우리 약은 달라요</td></tr>
<tr><td colspan="2">기본생활습관</td><td colspan="5">• 콧물 나올 때 휴지로 닦기</td></tr>
<tr><td colspan="2">영유아 BOO의 또래 공격성 감소를 위한 개별화 교육활동</td><td colspan="5">• 친사회적 그림동화 읽고 이야기 나누기
• 신체적 활동을 통한 또래관계 증진하기
• 음악적 활동을 통한 또래관계 증진하기
• 공격적 행동을 할 때마다 친구에게 사과하기</td></tr>
</table>

4) 영유아 B○○의 또래 공격성 지도를 위한 개별화 교육활동 개념망 구성

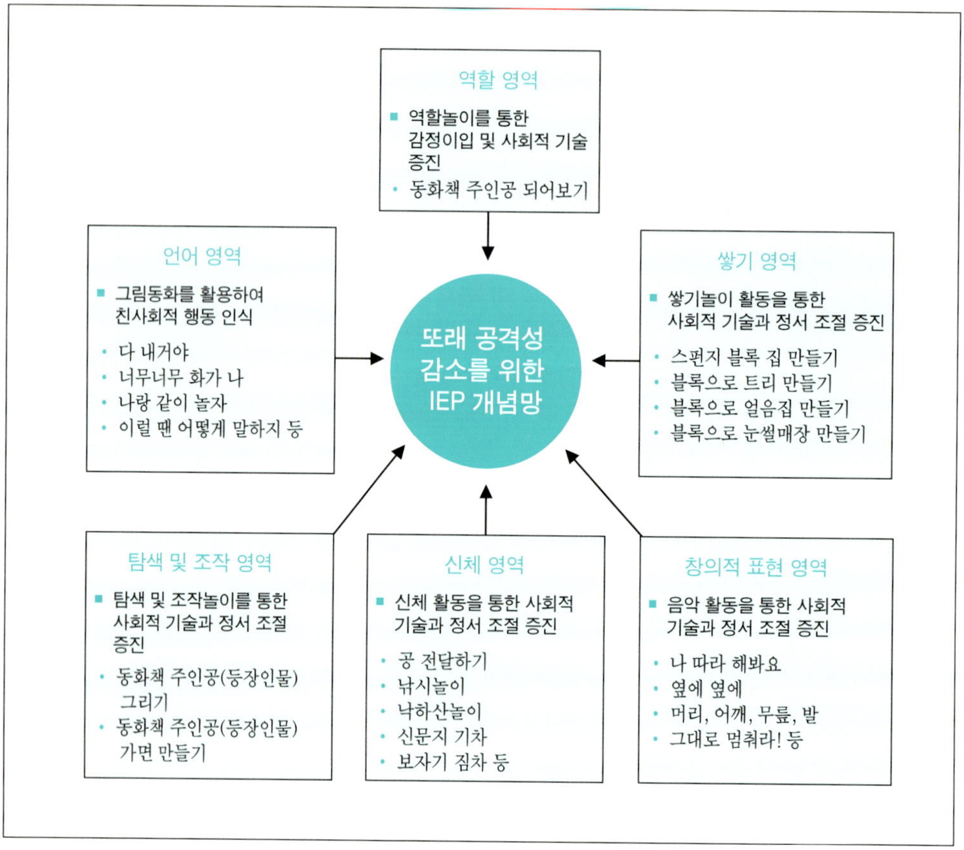

그림 ❷ 또래 공격성 감소를 위한 개별화 교육활동의 영역별 통합적 접근

3 3단계: 개별화 교육활동 실행

1) 영유아 B○○의 또래 공격성 감소를 위한 개별화 삽입교수 학급 일과

시간	주요 일과	주요 활동 내용
7:30~9:00	등원 및 자유놀이	• 밝은 미소로 영유아 B○○를 맞이한다. • 영유아 B○○의 건강상태를 살피고 관찰한다. • 부모가 기록한 일일기록장을 확인한다. • 흥미 있는 놀이 활동을 스스로 선택하여 놀이한다.
9:00~9:40	이야기 나누기	• 주제를 가지고 서로 이야기를 나누어 본다.
9:40~10:10	오전 간식	• 손을 깨끗이 씻고 오전 간식을 먹는다.
10:10~11:00	자유선택놀이	• 영유아 B○○와 놀이감을 가지고 상호작용하며 자유롭게 놀이한다.
11:00~11:10	정리 · 정돈 및 전이 활동	• 정리음악을 들으며 놀이감을 정리한다. • 대 · 소변 활동 후에 스스로 옷을 내리고 올린다. • 다음 놀이 장소를 알려주고 이동한다.
11:10~11:40	실외놀이	• 교사가 준비한 실외 활동이나 산책, 대근육 활동을 한다.
11:40~11:50	손 씻기 및 배변 활동	• 배변 활동 후에 손을 깨끗하게 씻는다.
11:50~13:10	점심 식사 및 이 닦기	• 맛있게 점심을 먹는다. • 점심 시간 이후에 스스로 이 닦기를 한다.
13:10~15:10	낮잠	• 낮잠 준비를 하고 조용한 음악이나 자장가를 들려준다. • 낮잠에서 깨어나면 잠자리를 정리한다.
15:10~15:40	오후 간식	• 화장실을 갔다 온다. • 손을 씻는다. • 오후 간식을 먹는다.
15:40~17:30	실내 자유선택놀이	• 영유아와 놀이감을 가지고 상호작용을 하며 자유롭게 놀이한다.
17:30~19:30	귀가 지도 및 자유놀이	• 귀가 준비(소지품 챙기기, 세수, 머리 빗기)를 한다, • 영유아 B○○의 하루 일과 활동에 대해 부모와 이야기를 나눈다. • 귀가 인사를 한다.

2) 영유아 B○○의 또래 공격성 감소를 위한 개별화 삽입교수 상황 범위

상황	활동
계획된 활동 상황	• 노래와 율동/인사 나누기, 이야기 나누기, 신체 표현, 소집단 및 개별 활동
영유아 B○○의 주도 활동 상황	• 자유선택 활동(예 블록, 퍼즐, 가장놀이, 책 등)
일상적인 일과 활동 상황	• 등 · 하원, 낮잠, 간식 및 점심

3) 영유아 B○○의 또래 공격성 감소를 위한 개별화 삽입교수 중점 교육활동

삽입교수 중점 교육활동	활동명
언어 교육활동	• 그림동화를 활용한 친사회적인 말과 행동 인식하기
표현 교육활동	• 공격적 행동을 했을 때 사과하기-언어, 동작으로 표현하기
음악 교육활동	• 음악놀이 활동을 통한 정서 조절과 사회적 기술 증진을 위한 대체 활동 제공하기
신체 교육활동	• 신체놀이 활동을 통한 정서 조절과 사회적 기술 증진을 위한 대체 활동 제공하기

4) 영유아 B○○의 또래 공격성 감소를 위한 개별화 삽입교수 활동 일일계획안

주요 일과	개별화 교육 활동목표	교사-영유아 B○○ 상호작용	교사 역할
등원 및 자유놀이	• 교사와 친구들에게 먼저 인사하기 • 교사와 친구들의 인사에 반응하고 같이 인사하기	• 인정하기 • 행동 모델 보이기	• 정서적으로 안정감을 느낄 수 있게 반갑게 맞이하기
이야기 나누기	• 순서 지켜 이야기하기 • 조용히 친구의 이야기 들어주기	• 촉진하기 • 공동 구성하기	• 유아가 생각하는 것을 다양하게 표현하도록 격려하기
오전 간식	• 간식 전 차례 지켜 스스로 손 씻기 • 바른 자세로 앉아 간식 먹기	• 행동 모델 보이기 • 지시하기	• 기본생활 규칙을 알리기 • 즐거운 분위기를 형성하기
자유선택놀이	• 친구들과 함께 놀이하기 • 놀이 참여 권유하기 • 친구에게 놀이감 양보하기	• 촉진하기 • 지원하기 • 비계 설정 • 시범 보이기 • 공동 구성하기	• 사회적 의사소통기술을 알려주기 • 갈등상황 시 대체행동을 알려주기 • 칭찬과 격려를 해주기
정리 · 정돈 및 전이 활동	• 청소 등과 같은 일에 협조하기 • 놀던 장난감 제자리 정리하기	• 행동 모델 보이기 • 촉진하기	• 유아에게 적당한 활동을 분담해주기 • 칭찬과 격려를 해주기
실외놀이	• 놀이시설 차례대로 사용하기 • 놀이 참여 권유하기 • 같은 공간에서 서로 양보하며 놀기	• 촉진하기 • 지원하기 • 비계 설정 • 시범 보이기 • 공동 구성하기	• 사회적 의사소통기술을 알려주기 • 갈등상황 시 대체행동을 알려주기 • 칭찬과 격려를 해주기
손 씻기 및 화장실 가기	• 차례 지켜 스스로 손 씻기 • 차례 지켜 화장실 사용하기	• 행동 모델 보이기 • 지시하기	• 기본생활 규칙을 알리기 • 칭찬과 격려를 해주기
점심 식사 및 이 닦기	• 바른 자세로 앉아 스스로 식사하기 • 차례 지켜 스스로 이 닦기	• 행동 모델 보이기 • 지시하기	• 즐거운 분위기를 조성하기 • 기본생활 규칙을 알리기

주요 일과	개별화 교육 활동목표	교사-영유아 BOO 상호작용	교사 역할
낮잠	• 자는 친구 방해하지 않기 • 정해진 자기 자리에 누워서 자기	• 인정하기 • 촉진하기	• 조용하고 편안한 분위기를 조성하기
오후 간식	• 간식 전 차례 지켜 스스로 손 씻기 • 바른 자세로 앉아 간식 먹기	• 행동 모델 보이기 • 지시하기	• 기본생활 규칙을 알리기 • 즐거운 분위기를 형성하기
자유선택놀이	• 친구들과 함께 놀이하기 • 놀이 참여 권유하기 • 친구에게 놀이감 양보하기	• 촉진하기 • 지원하기 • 비계설정 • 시범 보이기 • 공동 구성하기	• 사회적 의사소통기술을 알려주기 • 갈등상황 시 대체행동을 알려주기 • 칭찬과 격려를 해주기
귀가 지도	• 교사와 친구들에게 먼저 인사하기 • 교사와 친구들의 인사에 반응하고 같이 인사하기	• 인정하기 • 행동 모델 보이기	• 하루 일과를 즐거운 마음으로 정리하도록 정서적인 지지를 해주기

5) 영유아 B○○의 또래 공격성 감소를 위한 개별화 삽입교수 활동안

(1) 영유아 B○○의 또래 공격성 감소를 위한 음악 활동 개별화 삽입교수 활동안의 예

<table>
<tr><td colspan="5">음악 활동을 통한 정서 조절과 사회적 기술 증진을 위한 대체 활동 제공하기</td></tr>
<tr><td>집단유형</td><td colspan="2">개별 활동, 소집단 활동</td><td>활동 소요시간</td><td>10분</td></tr>
<tr><td>활동목표</td><td colspan="4">• 신체 활동에 대한 즐거움 기르기
• 능동적 참여하기
• 또래에 대한 관심 갖기</td></tr>
<tr><td>개별화 교수목표</td><td colspan="4">• 신체 활동에 대한 즐거움을 기른다.
• 능동적인 참여를 한다.
• 또래에 대한 관심을 갖는다.
• 정서 조절을 통해 공격적인 행동을 감소시킨다.
• 사회적 기술 증진을 통해 또래 공격적 행동을 감소시킨다.</td></tr>
<tr><td>교수방법</td><td colspan="4">• 반복하기 • 지시에 반응하기 • 모방하기</td></tr>
<tr><td>일과적용 교수계획</td><td colspan="4">• 일과 중에 음악 활동시간을 활용하여 또래 공격성 감소 지도 활동을 실시한다.</td></tr>
<tr><td>활동자료</td><td>노래 CD</td><td>자료 수정</td><td colspan="2">영유아 B○○가 선호하는 노래 준비</td></tr>
<tr><td>활동명</td><td colspan="2">나 따라 해봐요</td><td colspan="2">활동 수정 및 교수 삽입</td></tr>
<tr><td>활동과정</td><td colspan="2">① '나 따라 해봐요' 노래 CD를 들려주어 영아와 함께 들어 본다.
• 선생님이 들려주는 노래를 잘 들어보자.
② '나 따라 해봐요' 노래에 맞추어 교사의 동작을 따라 해보도록 한다.
• '나 따라 해봐요' 노래가 나올 때마다 선생님의 동작을 따라 해보는 거란다.
나 따라 해봐요 이렇게, ♪~♬ (동작을 넣어준다.)
나 따라 해봐요 이렇게, ♩~ (다른 동작을 넣어준다.)
• 와~, ○○는 선생님을 따라 아주 잘하는구나.</td><td colspan="2">〈활동 수정〉
• 영유아 B○○가 선호하는 음악과 동작에 맞추어 짝과 함께하는 신체접촉을 통해 또래 수용도를 높인다.
• 개별 활동, 2인 활동, 소집단 활동을 골고루 활용한다.</td></tr>
</table>

활동명	나 따라 해봐요	활동 수정 및 교수 삽입
활동과정 (계속)	③ '나 따라 해봐요' 노래에 맞추어 영유아-영유아가 동작을 따라 해보도록 한다. • 이번에는 △△의 동작을 따라 해보자. • △△는 어떻게 하고 싶니? • □□가 동작을 어떻게 표현하는지 볼까? • ♣♣가 하는 동작을 따라하니까 더 재미있구나. • 이번에는 누구의 동작을 따라 해볼까?	〈교수 삽입〉 • 영유아 BOO 자신이 느끼는 감정이나 생각하는 것을 자발적으로 다양하게 표현해 내도록 유도한다. • 영유아 BOO가 지시에 잘 따르도록 교사가 시범을 보여준다. • 적극적인 활동의 참여를 유도하기 위해 칭찬으로 강화시켜 준다.
평가 내용	• 영유아 BOO가 음악 활동을 충분히 즐거워 하였는가? • 영유아 BOO가 음악 활동을 통해 다른 또래 친구들과 상호작용이 증가되었는가? • 영유아 BOO가 교사의 지시를 잘 따라하였는가? • 영유아 BOO가 음악 활동을 통해 또래공격적 행동이 줄어들었는가?	

(2) 영유아 B○○의 또래 공격성 감소를 위한 그림동화 개별화 삽입교수 활동안의 예

<table>
<tr><th colspan="5">그림동화를 활용한 친사회적 행동 인식하기</th></tr>
<tr><td>집단유형</td><td colspan="2">대집단 활동</td><td>활동 소요시간</td><td>20분</td></tr>
<tr><td>활동목표</td><td colspan="4">• 그림책 주인공의 정서를 인식하고 감정이입할 수 있다.
• 책을 읽은 후 자신의 느낌을 자유롭게 표현한다.</td></tr>
<tr><td>개별화 교수목표</td><td colspan="4">• 다른 사람의 정서/감정에 대해 표현을 통해 또래 공격성을 감소시킨다.
• 자신의 정서/감정 표현을 통해 공격성을 표출한다.
• 그림책 보는 동안 질문이나 내용에 대한 대답을 통해 공격성에 대해 인식한다.
• 책 읽어주는 시간에 이야기의 처음부터 끝까지 앉아서 집중한다.</td></tr>
<tr><td>교수방법</td><td colspan="4">• 촉진하기 • 인정하기 • 지원하기 • 시범 보이기</td></tr>
<tr><td>일과적용 교수계획</td><td colspan="4">하루일과 중에 이야기 나누기 시간을 활용하여 또래 공격성 감소 지도 활동을 실시한다.</td></tr>
<tr><td>활동자료</td><td>그림동화 '나랑 같이 놀자'</td><td>자료 수정</td><td colspan="2">영유아 B○○가 관심보이는 내용과 관련하여 질문하기</td></tr>
<tr><td>활동명</td><td colspan="3">그림동화 감상 및 이해하기</td><td>교수 삽입</td></tr>
<tr><td>활동과정</td><td colspan="3">〈도입〉
① 책 표지를 탐색하며 어떤 내용일지 예측해 보기
• 책 표지를 함께 볼까? 어떤 그림일까?
책표지 색깔이 어떤 색이지요? 어떤 느낌이 들어요? 주인공 모습이 어때요?
〈전개〉
② 그림책을 감상한 후 내용에 대해 이야기 나누기
• 주인공 소녀는 메뚜기와 개구리와, 거북, 다람쥐, 어치, 토끼, 뱀과 놀고 싶었지만 숲속의 동물들은 어떻게 했나요?
• 주인공이 같이 놀자고 하는데 숲속 동물친구들이 같이 놀아주지 않고 싶다고 할 때에 주인공 소녀는 어떤 마음이 들까요?
• 주인공이 아무도 놀아주지 않아 연못가에 혼자 쓸쓸히 앉아 있자 숨었던 동물들이 어떻게 했나요?
• 그러자 주인공 소녀의 마음은 어떻게 변했나요?</td><td>〈교수 삽입〉
• 동화책 주인공을 통해 영유아 사신이 느낀 감성이나 생각을 자발적으로 다양하게 표현하도록 유도한다.
• 영유아의 경험을 통해 본인은 그런 경우에 어떤 감정과 생각이 들었는지 표현하도록 유도한다.
• 동화책에 나오는 갈등상황에 대한 바람직한 행동 물어본다.</td></tr>
</table>

<table>
<tr><th>활동명</th><th>그림동화 감상 및 이해하기</th><th>교수 삽입</th></tr>
<tr><td>활동과정
(계속)</td><td>〈마무리〉
③ 내가 주인공이라면 어떻게 했을까?(갈등상황에 대한 적절한 행동이 무엇인지 간단하게 정리해서 제시해주기)
• 친구가 "같이 놀자."고 할 때 싫다고 가라고 하면 친구의 마음이 어떨까요?
• 그럼 우리도 친구들과 싸우지 않고 함께 같이 놀면 주인공처럼 즐겁고 행복할 수 있을까요?</td><td>• 본인이 주인공이라면 갈등상황 시 어떻게 할지 물어본다.</td></tr>
<tr><td>평가 내용</td><td colspan="2">• 영유아 B○○가 자신의 감정이나 정서를 충분히 표현하였는가?
• 영유아 B○○가 다른 친구의 감정이나 정서를 이해하였는가?
• 영유아 B○○가 동화에 나오는 친사회적 행동을 인식하였는가?
• 영유아 B○○에게 동화를 이해할 수 있는 충분한 시간을 주었는가?</td></tr>
</table>

4 4단계: 개별화 교육활동 평가

- 영유아 B○○의 또래 공격성에 대한 정보 및 자료에 근거하여 의사결정을 한다.
- 영유아 B○○의 또래 공격성 행동 변화에 따른 교육계획의 수정 및 보완을 한다.
- 진단-평가로 연계 순환을 한다.

영유아 B○○의 개별화 교육활동 사전 대 사후 비교

구분	사회정서행동 영역		BOO	
			사전	사후
사회정서행동	사회정서성	주의집중	8	16
		자아 인식	6	13
		정서 조절	9	18
	사회적 관계	친사회적 행동	8	14
		사회적 행동	8	19
	외면적 문제행동	반항성	16	11
		또래 공격성	30	25
	내면적 문제행동	우울 · 위축	19	9
		격리불안	15	11
	수면 · 식사 문제행동	수면 문제	12	12
		식사 문제	15	15

3

영유아 사회정서행동 진단평가

1 영유아 사회정서행동 진단평가 설문지

설문지 구성

구성 요인	요인	하위 요인 내용	문항수
사회정서성	주의집중	• 다른 사람과 관계 속에서 일 대 일, 혹은 일대 다수로 집중하여 반응 • 유능감을 발휘하는 능력이기에 관계를 맺는 순간에 얼마나 집중을 잘하는가와 관련	6
	자아 인식	• 영유아가 자신을 한사람의 개체로 인식하고 자신의 이미지를 형성 • 자신과 타인을 구분 • 자신을 물리적으로 독특한 존재로 구별	5
	정서 조절	• 자기정서 인식 • 타인정서 인식 • 만족 지연, 순응, 대처	8
사회적 관계	친사회적 행동	• 다른 사람에게 혜택을 주는 행동 • 도와주기, 나누어주기, 협동하기, 타인에게 관심을 가지기	8
	사회적 행동	• 사회적 관계를 맺는 데 필요한 양보, 타협, 대안 제시와 같은 사회적 기술	5
총 문항수			32
내면적 문제행동	격리불안	• 스스로의 행동이나 감정 표현에 대해서 지나치게 의식하며 불안해 함 • 낯선 상황에 대한 불안, 걱정	6
	우울 · 위축	• 연령대에서 기대되는 것보다 위축되고 어린 행동 • 주변의 즐거운 놀이에 대한 무관심	5
외면적 문제행동	또래 공격성	• 타인에 대한 신체적인 공격과 기물 파괴 등의 행동 • 자신의 요구를 이기적이고 고집스럽게 주장 • 싸우기, 남 울리기, 괴롭히기, 뺏기, 물건 던지기	8
	반항성	• 자기주장이나 고집이 여의치 않을 경우에는 반항적이거나 분노발작 등의 행동	4

<table>
<tr><th>구성 요인</th><th>요인</th><th>하위 요인 내용</th><th>문항수</th></tr>
<tr><td rowspan="2">수면 · 식사 문제행동</td><td>수면 문제</td><td>• 혼자 자려하지 않고 연속적인 수면을 이루지 못하며 악몽, 잠꼬대 등 수면이 어려운 경우</td><td>3</td></tr>
<tr><td>식사 문제</td><td>• 분명한 의학적 원인 없이 음식을 거부, 구토, 입에 음식을 물고 있는 등의 예민함</td><td>4</td></tr>
<tr><td colspan="3">총 문항수</td><td>30</td></tr>
<tr><td>전체 문항수</td><td colspan="3">62</td></tr>
</table>

영유아 사회정서행동 진단평가 설문지 예시

구분		문항	전혀 없다	별로 없다	가끔 있다	자주 있다
			0	1	2	3
주의집중	1	오랜 시간 동안 집중할 수 있다. (TV보기 제외)				
	2	10분 또는 그 이상 한 가지 장난감이나 물건을 가지고 혼자서 놀이한다.				
	3	교사와 책을 함께 보고 있을 때 교사가 지적하는 그림을 유아가 명명할 수 있다.				
	4	새로운 것을 배울 때 주의집중을 잘 한다.				
	5	같이 놀아주면 10분 이상 주의집중을 하며 논다.				
	6	교사의 시선이 있는 쪽을 따라간다.				
친사회적 행동	7	또래가 놀이 중 다쳤을 때 위로해 준다.				
	8	놀이를 번갈아가며 차례대로 할 수 있다.				
	9	친구가 싫어도 참고 싫어하는 친구와도 함께 놀이한다.				
	10	또래에게 자기 간식을 나누어 준다.				
	11	다른 아이들의 이야기를 잘 들어준다.				
	12	다른 아이에게 양보를 잘 한다.				
	13	어려움에 처한 아이를 도와준다.				
	14	놀이 중 또래 장난감을 달라고 요청하면 장난감을 또래에게 나누어준다.				
사회적 행동	15	친한 친구를 만났을 때 반갑게 인사를 한다.				
	16	교사가 교실에 들어오면 교사와 눈을 맞춘다.				
	17	친하게 지내고 싶은 아이에게 친밀감 있게 다가간다. (예 웃거나 장난감을 주거나 껴안는다.)				
	18	교사가 말을 걸면 미소나 웃음을 짓는 등 긍정적인 반응을 보인다.				
	19	또래가 말을 걸면 미소나 웃음을 짓는 긍정적인 반응을 보인다.				

구분		문항	전혀 없다	별로 없다	가끔 있다	자주 있다
			0	1	2	3
자아 인식	20	자신 혹은 다른 사람을 간단한 그림으로 나타낸다.				
	21	자신의 성을 알고 있다. (예 나는 여자야.)				
	22	대명사를 사용하여 본인에게 관심을 갖도록 시도한다. (예 나와 놀자! 나는 배가 고파!)				
	23	"내가 커", "내가 할 수 있어" 등의 모습이나 행동, 능력을 말할 수 있다. (예 블록을 집을 짓고 나서 "내가 만들었어!"라고 짧게 말한다.)				
	24	자신의 신체적 특징을 말로 표현한다.				
정서 조절	25	신나고 흥분되는 활동 후 스스로 앉아서 진정한다.				
	26	활동이나 놀이를 더 하겠다고 말하지만 교사가 다음에 하자고 하면 조르지 않고 기다리는 편이다.				
	27	교사가 내준 과제나 부탁한 일이 있으면 그것을 마친 후 친구들과 놀이를 하는 편이다.				
	28	놀이 중 또래가 가지고 놀이하는 장난감을 가지고 싶지만 다른 장난감을 이용하여 놀이한다.				
	29	간식 시간에 대부분 자리를 지키며 차례를 기다린다.				
	30	유아는 기본생활 규칙(예 손 씻기, 이닦기, 줄서기, 뛰지 않기 등)을 스스로 지킨다.				
	31	정리 · 정돈, 순서 기다리기, 개인 규칙 지키기 등 스스로 놀이 규칙을 잘 지킨다.				
	32	그림을 그리다가 또래가 블록 영역에서 놀이하자고 권유할 때 그림을 다 그리고 이동하여 놀이한다.				

구분	문항		전혀 없다	별로 없다	가끔 있다	자주 있다
			0	1	2	3
격리불안	33	아이를 안아주지 않고 있을 때 안아달라고 팔을 뻗는다.				
	34	아이가 긴 시간 동안 징징거리거나 울거나 짜증을 낸다.				
	35	새로운 장소 탐색 시 당신이 가까이 있는지 끊임없이 확인한다.				
	36	심하게 울 때는 팔을 휘젓거나 발을 구르며 몸을 흔든다.				
	37	특별한 일이 없이 언짢아하고 보채면서 교사에게 매달린다.				
	38	교사가 도움이 필요하지 않을 때조차도 도움을 요청한다.				
우울·위축	39	쉽게 지루해 하고 놀이에 흥미를 나타내지 않는다.				
	40	불안해하고 신경질적이다. (예 손톱을 물어뜯는다.)				
	41	집단에서 떨어져서 따로 혼자 있다.				
	42	다른 아이들이 같이 놀자고 해도 응하지 않는다.				
	43	집단 활동을 하는 동안 말을 하지 않거나 거의 상호작용을 하지 않는다.				
반항성	44	심하게 떼를 쓴다.				
	45	자기 뜻대로 안되면 소리를 지르거나 공격적으로 행동한다.				
	46	고집이 세다.				
	47	하던 일이 안되면 큰소리로 울거나 발을 구른다.				
또래 공격성	48	다른 친구를 신체적으로 때리고, 밀고, 발로 차거나 깨무는 행동을 한다.				
	49	힘이 없는 아이를 못살게 군다. (예 발로 차거나 꼬집거나 깨무는 행동 등)				
	50	다른 아이의 놀이를 망가뜨리거나 어지럽혀 방해를 한다.				
	51	다른 아이와 갈등이나 싸움이 자주 생기는 편이다.				
	52	다른 아이들보다 무엇이든지 먼저하고 싶어 한다.				
	53	장난감을 공유하는 것을 싫어한다.				
	54	다른 아이들의 장난감이나 물건을 부수거나 던진다.				
	55	다른 아이가 가지고 놀이하는 장난감을 빼앗는다.				

구분		문항	전혀 없다	별로 없다	가끔 있다	자주 있다
			0	1	2	3
수면 문제	56	낮잠 시간에 깨거나, 깬 후에 다시 숙면을 하기 위해 교사의 도움이 필요하다.				
	57	수면을 지속하는 데 어려움이 있다.				
	58	낮잠 시간 동안 잘 자지 않는다.				
식사 문제	59	음식을 가지고 장난하거나 입에 물고 있다.				
	60	음식을 씹도록 하는 것을 거부하거나 뱉는다.				
	61	먹는 것이 까다롭다.				
	62	새로운 음식은 먹지 않으려고 한다.				

평가방법

과제 중심 평가가 아닌 자유놀이 상황에서 담임선생님이 평소에 관찰한 결과에 근거하여 영유아가 다음의 사회정서행동들을 보이는지를 체크하며, 담임선생님은 영유아 행동의 빈도나 정도를 4점 척도로 평정한다.

예를 들어, "다른 친구들을 신체적으로 때리고, 밀고, 발로 차거나 깨무는 행동을 한다."의 경우에 담임선생님은 그 동안의 영유아 행동의 빈도나 정도를 근거하여 다음 항목 중 하나에 체크한다.

- **전혀 없다:** 같은 반의 다른 친구들을 신체적으로 때리고, 밀고, 발로 차거나 깨무는 행동을 전혀 하지 않는다. (0점)
- **별로 없다:** 같은 반의 다른 친구들을 신체적으로 때리고, 밀고, 발로 차거나 깨무는 행동을 별로 하지 않는다. (1점)
- **가끔 있다:** 같은 반의 다른 친구들을 신체적으로 때리고, 밀고, 발로 차거나 깨무는 행동을 가끔 한다. (2점)
- **자주 있다:** 같은 반의 다른 친구들을 신체적으로 때리고, 밀고, 발로 차거나 깨무는 행동을 자주 한다. (3점)

※ 점수 계산법은 각 영역별로 합산하여 사용한다.

2 Infant-Toddler Social and Emotional Assessment(ITSEA)

설문지 구성

ITSEA 영역	하위 영역	문항수
사회 · 정서적 긍정행동	순종	8
	주의집중	5
	모방/놀이	6
	동기	6
	감정이입	7
	친사회적 또래 관계	5
	문항수	37
외면적 부정적 행동	활동성/충동성	6
	공격성/반항	15
	문항수	21
내면적 부정적 행동	우울 · 위축	7
	일반적 불안	8
	격리불안	5
	새로운 것에 대한 억제	4
	문항수	24
총 문항수		82

| 출처 | Briggs-Gowan, M. J., & Carter, A. S. (2001). Infant Toddler Social and Emotional Assessment(ITSEA), Manual Version 1. 1. The Connecticut Early Development Project. Yale University; 신지연(2004). 2세 영아의 어머니와 보육교사에 대한 복합애착과 사회정서적 행동. 서울여자대학교 대학원 박사학위 청구논문.

Infant-Toddler Social and Emotional Assessment(ITSEA) 설문지 예시

	문항	전혀 아니다	가끔 그런다	자주 그런다
		0	1	2
1	새로운 장소에 가면 익숙해지기까지 오랜 시간이 걸린다.			
2	자주 다치기 때문에 아동에게서 눈을 뗄 수가 없다.			
3	자기의 뜻이 좌절될 때 공격적으로 행동한다.			
4	새로운 상황에서 조용해지거나 덜 활동적이 된다.			
5	무엇을 성공하고 나면 즐거움을 표현한다. (예) 손뼉을 친다.)			
6	놀이 후에 놀이감을 치운다.			
7	긴장되어 보이거나 경직되고 두려움을 보인다.			
8	주의가 산만하고 가만히 앉아 있지 못한다.			
9	놀이할 때 과잉 행동을 보이거나 엉뚱하게 행동한다.			
10	자기가 힘을 휘두르려 한다.			
11	끊임없이 움직인다.			
12	규칙을 따른다.			
13	친숙한 보육교사가 떠나면 매우 투정을 부리고 화를 낸다.			
14	"쉿" 했을 때 조용히 한다.			
15	어른의 관심을 끌기 위해 말썽을 부린다.			
16	요구하는 것을 따르려고 노력한다.			
17	5분 또는 그 이상 놀이감을 가지고 놀이한다.			
18	타인과 함께 있을 때 교사에게 매달리거나 무릎에 앉아 있으려 한다.			
19	공을 교사에게로 굴려 보낼 수 있다. (또는 다른 아이에게도)			
20	다른 아이에 비해 덜 재미있는 아이다.			
21	상당히 시끄럽다. 크게 소리치고 비명을 지르기도 한다.			
22	아이를 안아주지 않으면 가까이 접근하려 한다.			

	문항	전혀 아니다	가끔 그런다	자주 그런다
		0	1	2
23	순종하지 않고 반항한다. (예 교사가 요구하는 것을 거부한다.)			
24	자기 또래 아이들에 비해 행동이 빨라서 이 놀이감에서 저 놀이감으로 잘 옮겨간다.			
25	어려운 일이라도 계속해서 노력한다.			
26	비겁하게 행동한다. (예 나쁜 짓을 하고 숨긴다.)			
27	혼자서 그림책을 본다.			
28	교사가 옷을 입혀줄 때 돕는다. (예 소매에 팔을 끼운다.)			
29	부모가 떠나려 할 때 울면서 매달린다.			
30	걱정이 많고 매우 심각하다.			
31	긴장하거나 짜증날 때면 아픈 증상을 보인다.			
32	어른들이 하는 행동을 흉내낸다. (예 면도하기)			
33	바르게(얌전하게) 잘 행동한다.			
34	고의직으로 교사를 아프게 하려고 한나.			
35	많이 그리고 잘 웃는다.			
36	고집이 세다.			
37	무엇이든 스스로 하기를 원한다.			
38	교사가 화가 났을 때 기분 좋게 해주려고 노력한다.			
39	옷을 갈아입히거나 목욕시킬 동안 얌전히 있는다.			
40	많은 관심을 요구한다.			
41	책을 읽어줄 때 5분 이상 앉아 있는다.			
42	타인이 다쳤을 때 걱정하거나 동요한다.			
43	잘못을 저지른 후에 '만회해 보려고' 노력한다.			

	문항	전혀 아니다	가끔 그런다	자주 그런다
		0	1	2
44	오랜 시간 동안 집중할 수 있다. (TV보기 제외)			
45	다른 이의 감정을 알아차린다.			
46	타인을 도우려고 한다. (예 놀이감을 집어준다.)			
47	새로운 어른을 보면 부끄러워 한다.			
48	교사가 영아에게 요구하면 즐거운 소리를 흉내낸다.			
49	어떤 물체로 다른 것인 양 흉내낸다.			
50	도전적인 활동들을 좋아한다.			
51	인형이나 동물인형 등을 끌어안아 주거나 음식을 먹여주는 흉내를 낸다.			
52	완벽주의적 성향이 있다.			
53	손뼉을 치거나 "바이바이" 손짓하는 것을 따라한다.			
54	교사를 미소 짓거나 웃게 만들기 위해 무언가를 주거나 장난친다.			
55	새로운 것을 배울 때 주의집중을 잘 한다.			
56	이유 없이 기분이 안 좋거나 슬퍼 보인다.			
57	새로운 것에 흥미를 갖는다.			
58	영아가 자기 자신에 대해 나쁜 감정을 가진다.			
59	새로운 아이들과 함께 있으면 부끄러워 한다.			
60	파괴적이다. 고의적으로 물건을 부수고 못쓰게 만든다.			
61	힘이 없어 보인다.			
62	무서운 꿈이나 악몽 때문에 잠에서 깬다.			
63	심하게 떼를 쓴다.			
64	부모를 때리고 물고 발로 찬다.			
65	의기소침해 보인다.			

문항		전혀 아니다	가끔 그런다	자주 그런다
		0	1	2
66	매우 불행해 보이고, 슬퍼 보이거나 우울해 보인다.			
67	공격적인 행동을 하지 말라고 주의를 줄 때 순종한다.			
68	다른 친구들과 놀이할 때 놀이감 등을 친절히 요구한다.			
69	다른 친구들과 잘 어울려 잘 논다.			
70	다른 친구들과 놀이할 때 차례를 잘 지킨다.			
71	적어도 한명의 친한 (특별히 좋아하는) 친구가 있다.			
72	다른 친구들과 엄마, 아빠놀이(상징놀이)를 한다.			
73	자기가 노는 곳이나 놀이집단에 다른 친구가 놀지 못하게 한다.			
74	다른 친구를 놀린다.			
75	다른 친구를 괴롭히거나 못살게 군다.			
76	고의적으로 다른 친구들을 아프게 한다.			
77	다른 친구를 때리고, 밀고, 발로 차거나 무는 행동을 한다.			
78	다른 사람의 감정에 대해 이야기한다. (예 엄마 화났어! 선생님 화났어!)			
79	무언가 고안해내는 것을 좋아한다. (예 블록 쌓기)			
80	특정 동물을 두려워 한다. 어떤 동물(들)을 두려워 합니까? ___________			
81	특정 물건을 두려워 한다. 어떤 물건(들)을 두려워 합니까? ___________			
82	특정 장소를 두려워 한다. (예 상가, 엘리베이터, 공원 또는 자동차) 어떤 장소(들)를 두려워 합니까? __________			

평가방법

- 담임교사는 그 동안의 영유아 행동에 근거하여 영유아 행동의 빈도나 정도를 3점 척도로 평정한다.
- 각 질문을 주의 깊게 읽은 후에 영유아의 행동을 다음의 3점 척도 중에 하나에 체크한다.

- 전혀 아니다 (0점)
- 가끔 그런다 (1점)
- 자주 그런다 (2점)

※ 점수 계산법은 항목 35번을 역채점한 후에 각 영역별로 합산하여 사용한다.

* 위의 평가방법은 신지연(2004), 「2세 영아의 어머니와 보육교사에 대한 복합애착과 사회정서적 행동」을 참고 · 재정리하였다.

3 Social Emotional Assessment/Evaluation Measurement(SEAM™)

Social Emotional Assessment/Evaluation Measurement(SEAM™) 설문지 예시

대략 발달 월령	내용	매우 사실	대부분 사실	사실 아님	전혀 사실이 아님	우려사항	중재목표
C-1. 0 유아가 상호작용에 건강하게 참여한다.							
1. 1	**유아가 친숙한 성인들과 이야기하고 놀이한다.**						
18~24	유아가 물건을 보여 주기 위해 가리킨다.						
	당신과 형제 · 자매를 놀이에 포함하기 시작한다.						
	당신이나 다른 사람들에게 음식을 주는 체한다. 아기 동생을 돌보아주려고 시도한다.						
24~26	또래와 한 단어 혹은 두 단어를 사용하여 의사소통한다. (예 자동차 온다).						
	자신이 하는 활동에 대해 이야기한다. (예 자동차를 밀어.)						
1. 2	**당신이 유아에게 관심(애정)을 보이면 유아가 반응한다.**						
18~36	당신을 안아준다. 웃음을 보여준다.						
	사람, 애완동물, 동물인형 등을 안아주고 뽀뽀해준다.						
24~36	다른 사람들의 안아주기, 뽀뽀해 주기, 혹은 다른 애정적 몸짓에 유아가 같이 해줌으로써 반응한다.						
	유아가 안기기 위해 당신에게 팔을 벌리고 다가온다.						

대략 발달 월령	내용	매우 사실	대부분 사실	사실 아님	전혀 사실이 아님	우려사항	중재목표
1. 3	유아가 의사소통을 시도하고 반응한다.						
18~24	당신이 하는 질문에 한 단어로 답한다. (예) 주스)						
20~36	질문을 한다. "엄마 어디?", 유아가 당신과 놀이하기를 원할 때, "엄마 이리와(요)." 한다.						
30~36	유아가 안기기 위해 당신에게 팔을 벌리고 다가온다.						
1. 4	유아가 도움이나 위로가 필요하면 당신이 알게 한다.						
18~24	당신이나 다른 성인을 잡아 이끌거나 안아달라고 팔을 올린다.						
18~30	가리키거나 보여줘서 물이나 음료수를 청한다.						
	다치면 당신이나 다른 친숙한 성인의 관심을 요구한다.						
	옹알이를 하고 당신에게 '솜씨 자랑'을 한다.						
24~36	1단어 혹은 2단어를 사용하여 물을 달라고 한다.						
30~36	"아빠 도와줘."와 같이, 필요한 경우에는 도움을 청한다.						
	C-2. 0 유아가 여러 가지 감정을 표현한다.						
2. 1	유아가 미소 짓고 웃는다.						
18~36	양육자가 돌아오면 미소를 짓는다.						
	사람과 다른 유아들을 보고 미소 짓거나 웃는다.						
18~24	다른 유아들에게 뽀뽀를 해 준다.						
2. 2	유아가 여러 가지 방법으로 다양한 정서를 표현한다.						
18~24	신체적으로 언어적으로 정서를 표현한다. (예) 얼굴 표정을 만들기, 실망하여 울기, 기쁠 때 큰소리로 웃고 깔깔거리기)						
30~36	다양한 정서를 표현한다. (예) 행복, 슬픔, 두려움, 놀람, 화남)						

대략 발달 월령	내용	매우 사실	대부분 사실	사실 아님	전혀 사실이 아님	우려사항	중재목표
2. 3	**유아가 도움을 받고 자신의 정서를 파악한다.**						
18~24	유아가 당신과 감정을 파악하고, 얼굴로 표정을 짓는다.						
24~36	유아에게 화가 났는지 물어보면 정확하게 '예'와 '아니오'를 답한다.						
2. 4	**유아가 자신의 정서를 파악한다.**						
18~24	"싫어, 나 슬퍼."와 같이 항의하는 의견을 표현한다.						
24~30	"행복하니까."와 같은 웃는 이유를 설명한다.						
30~36	화가 났을 때 "화가 났어."라고 말한다.						
	C-3. 0 유아는 자신의 사회정서 반응을 조절한다.						
3. 1	**유아가 화가 났을 때, 당신의 위로에 반응한다.**						
18	안아 주고 위로해 주면 울기를 멈춘다.						
18~26	유아가 화가 났을 때 양육자가 안아 주고 뽀뽀해 주면 놀이를 다시 시작한다.						
3. 2	**유아는 신나는 활동 후에 흥분을 가라앉힌다.**						
18~24	잡기놀이 후 당신이 도와주면 앉아서 진정할 수 있다.						
24~36	흥분되는 활동 후 스스로 앉아서 진정된다.						
3. 3	**유아가 화가 난 후 스스로 진정된다.**						
18~24	당신의 도움과 함께, 넘어진 후 5~10분 내로 진정된다.						
	자기가 좋아하는 인형이나 담요를 갖고 스스로 진정된다.						
24~36	화가 났을 때 자기가 좋아하는 인형이나 게임을 함으로써 진정된다.						

대략 발달 월령	내용	매우 사실	대부분 사실	사실 아님	전혀 사실이 아님	우려사항	중재목표
C-4. 0 유아가 다른 사람의 감정을 공유한다.							
4. 1	유아가 다른 사람들의 감정 반응에 자신의 반응을 맞춘다.						
18~24	당신이 화가 나면 유아가 조용하게 있는다.						
	다른 사람들이 크게 웃고 미소 지으면 자신도 그렇게 한다.						
4. 2	유아가 다른 사람들이 화가 났을 때 그들을 위로하려고 시도한다.						
18~24	울고 있는 아기를 보고 안아 주고, 양육자에게 화가 난 아기를 돌보라고 한다.						
24~36	당신의 다친 부분에 뽀뽀해 준다.						
	당신이 슬퍼하면 안아 준다.						
4. 3	유아가 다른 아이의 정서에 대해 단어를 사용하여 이야기한다.						
18~36	아기가 우는 소리를 듣고는 "아기가 울고 있어, 슬퍼."라고 말한다.						
24~30	울지 말라고 다른 유아에게 장난감을 돌려준다.						
	크게 소리 지르고 있는 소년에 대해 "화가 났어."라고 말한다.						
30~36	어린이집에서 엄마와 떨어진 유아가 우는 것을 보고 또래의 감정에 대해 말한다. "엄마가 가버려서 슬퍼하고 있어."						

대략 발달 월령	내용	매우 사실	대부분 사실	사실 아님	전혀 사실이 아님	우려사항	중재목표
	C-5. 0 유아는 다른 사람과 관심을 공유하고 함께 한다.						
5. 1	**유아가 당신, 다른 양육자들, 또래와 눈을 맞춘다.**						
18~36	교사가 교실로 들어오면 교사와 눈을 맞춘다.						
18~36	저녁 식사를 하면서 다른 사람들을 바라본다.						
5. 2	**유아가 당신이 보여주는 사건들(활동)에 주의를 집중한다.**						
18~24	당신과 책을 함께 보고 당신이 지적하는 그림을 명명한다.						
18~36	당신의 시선이 있는 쪽을 따라간다.						
24~36	다른 사람들이 붕자동차, 동물들을 가리키면, 유아가 쳐다본다.						
5. 3	**유아는 당신과 다른 친숙한 사람들을 반긴다.**						
18~24	당신이나 친숙한 어른들을 보고 "안녕(하세요)!" 한다.						
24~36	당신과 가족 구성원의 관심을 갖고 싶어 한다. 그러나 낯선 사람들 사이에서는 부끄러워 할 수 있다.						
30~36	다른 유아들을 보고 "안녕!"이라고 말한다.						
30~36	친숙한 사람들에게 (바이 바이) 손을 흔든다.						
30~36	형제 · 자매를 만나면 이름을 부르면서 인사한다.						
5. 4	**유아가 다른 아이들 곁에서 놀이한다.**						
18~24	장난감과 자료를 나누어 쓰지 않고 다른 유아들 곁에서 놀이한다.						
18~24	놀이를 하고 있는 다른 유아들을 관찰(쳐다봄)한다.						
24~36	모래놀이를 하고 있을 때 다른 유아들에게 장난감을 건네준다.						
36	같이 놀이하는 특별한 친구가 있다.						

대략 발달 월령	내용	매우 사실	대부분 사실	사실 아님	전혀 사실이 아님	우려사항	중재목표
5. 5	**유아가 일상 활동을 함께한다.**						
18~24	당신이 신발 신기는 것에 협조한다.						
24~36	집안일을 모방하고 당신이 도와주면 몇몇의 장난감을 치울 수 있다.						
30~36	쇼핑카트에 음식을 넣어 준다.						
	C-6. 0 유아가 독립성을 표현하기 시작한다.						
6. 1	**유아가 약간은 당신을 확인하면서 새로운 환경을 탐색한다.**						
18~24	당신을 쳐다보고, 눈을 맞추고, 확인하면서 모래놀이 장소로 들어간다.						
24~36	당신 얼굴을 보고 괜찮은지 확인하면서 새로운 장난감을 들고 있는 또래에게 간다.						
	혼자서 일을 하기를 원한다. (예 "내가 할게.")						
6. 2	**유아가 최소한의 스트레스만 갖고 친숙한 환경에서 당신과 분리될 수 있다.**						
18	당신이 떠날 때 몇 분 정도만 울거나 애달파 한다.						
	당신이 몇 분 동안은 스트레스 없이 유아의 시야에서 떠나게 허락한다.						
18~30	또래와 놀기 위해 당신이 있는지 확인하면서 분리될 수 있다.						
30~36	유치원(어린이집)에 도착하면 아빠에게 인사하고 또래에게 합류한다.						

대략 발달 월령	내용	매우 사실	대부분 사실	사실 아님	전혀 사실이 아님	우려사항	중재목표
6. 3	**유아가 도움을 구하기 전에 새로운 과제를 시도한다.**						
18~24	유아가 도움을 구하기 전 반복적으로 블록을 구멍에 넣어보려고 시도하거나 긴 구멍에 막대를 넣어보려고 시도한다.						
	도움을 구하기 전에 높은 선반 위의 장난감을 내리려고 한다.						
24~30	스스로 혼자서 하고 싶어 한다.						
	C-7. 0 유아는 긍정적인 자아상을 나타낸다.						
7. 1	**유아가 사진 안의 자신을 가리킨다.**						
18~24	사진 안의 자신을 가리키거나 찾아낸다.						
24~36	자신 혹은 다른 사람을 간단한 그림으로 나타낸다.						
7. 2	**유아가 자신의 개인 정보를 안다.**						
18~24	자신을 이름으로 나타내거나 "나"라고 말한다.						
24~36	자신의 이름을 알고 있고, 무엇을 좋아하고 싫어하는지 안다.						
30~36	자신의 성을 알고 있다. "나는 여자야."						
7. 3	**유아가 자신이 무엇을 했고 달성했는지를 말한다.**						
18~24	당신이 공원에서 "와, 사다리를 다 올라갔구나." 하고 말하면, 유아가 웃음을 짓는다.						
	대명사를 사용하여 본인에게 관심을 갖도록 시도한다. (예 "나와 놀자.", "나는 배가 고파.")						
20~30	블록으로 집을 지었다고 당신에게 말한다. (짧은 형태일 수 있다. "내가 만들었어!")						
30~36	가게 다녀온 것에 대해 이야기한다. (불완전한 문장일 수 있음)						

대략 발달 월령	내용	매우 사실	대부분 사실	사실 아님	전혀 사실이 아님	우려사항	중재목표
	C-8. 0 유아는 관심과 활동 수준을 조절한다.						
8. 1	**유아가 5분 이상 동적인 활동을 지속한다.**						
18~36	세발자전거의 페달을 5분 이상 굴린다.						
	5분 이상 블록놀이를 한다.						
8. 2	**유아가 5분 이상 이야기를 듣거나 책을 읽을 수 있다.**						
18~30	유아가 당신과 함께 앉아서 5분 이상 책을 본다.						
30~36	책을 읽어 주면 5분 이상 들을 수 있다.						
8. 3	**유아가 문제없이 한 활동에서 다른 활동으로 전이한다.**						
18~24	당신의 도움과 함께 다른 활동으로 이동한다.						
18~36	유치원/어린이집의 친숙한 일과에 따를 수 있다.						
24~30	자유놀이 시간에 놀이를 선택할 수 있다.						
8. 4	**유아가 간단한 게임에 참여한다.**						
18~24	유아가 당신을 보고 친숙한 노래와 율동을 한다.						
24~30	영유아용 노래를 부른다.						
30~36	당신과 숨바꼭질놀이를 한다.						

대략 발달 월령	내용	매우 사실	대부분 사실	사실 아님	전혀 사실이 아님	우려사항	중재목표
	C-9. 0 유아는 매일의 일과에 협력하고 요청한다.						
9. 1	**유아가 일과에 따른다.**						
18~24	잠자는 시간에 당신이 유아의 옷을 벗기고 잠옷으로 갈아입히면, 유아가 이에 협조한다.						
	여행을 갈 때 자동차의 유아용 의자에 앉음으로 준비한다.						
24~36	도움과 함께 손 씻기 일과를 수행한다. (도움을 제공할 수 있다.)						
	다른 유아들과의 활동(노래, 동작 활동, 그리기 활동)에 참여한다.						
9. 2	**유아가 간단한 요구에 협력한다.**						
18~24	당신 쪽으로 오라고 손을 흔들면, 유아가 당신 곁으로 온다.						
	"신발 갖고 오세요."라고 말하면 유아가 그렇게 한다.						
24~36	두 단계 지시를 따를 수 있다. "문을 닫고 겉옷을 벗어요."						
	C-10. 0 유아가 다양한 적응 기술을 보여 준다.						
10. 1	**유아가 문제없이 다양한 음식을 선택하고 스스로 먹을 수 있다.**						
18~24	손가락을 사용하고 다양한 음식을 먹기 위해 포크나 숟가락 사용을 시도한다.						
24~36	식기도구를 사용하여 먹을 수 있고, 컵으로 음료수를 마실 수 있다.						

대략 발달 월령	내용	매우 사실	대부분 사실	사실 아님	전혀 사실이 아님	우려사항	중재목표
10. 2	**유아가 거의 문제없이 잠에 들고, 지속적으로 잠들어 있다.**						
18~24	유아가 좋아하는 담요나 장난감을 가지고 잠이 들 때까지 침대에 머물러 있다.						
24~36	일과에 따른다. (예 저녁 후에 조용한 활동을 함, 따뜻한 목욕, 책 읽기, 자장가)						
	밤에 깨는 것 없이 잠을 잔다. (한 번 혹은 두 번의 낮잠을 함)						
10. 3	**유아가 일과와 환경의 변화를 받아들인다.**						
18~24	여러 장소에서의 놀이에 적응한다.						
	소풍 가서 간식 혹은 점심을 먹는다.						
24	학교의 친숙한 일과의 변화를 수용한다. (예 야외 학습)						
10. 4	**유아가 변기를 사용하는 데 흥미를 보인다.**						
18~24	기저귀를 갈아야 할 때를 알린다.						
24~36	바지를 내리고 변기(아기용 변기)에 앉는다.						
36	필요한 경우 변기를 사용한다.						

| 출처 | Squires, J., & Bricker, D. (2007). 허계형 · 노진아 역. An activity-based approach to developing young children's social emotional competence. pp. 227–233.

평가방법

평가방법은 '매우 사실, 대부분 사실, 사실 아님, 전혀 사실이 아님'으로 채점이 이루어진다.
예를 들어, 친숙한 어른들과 놀이하고 말하는 행동에 대한 유아의 반응을 다음의 4가지 중 하나에 체크한다.

- **매우 사실:** 유아가 친숙한 어른과 대부분 일관성 있게 말하고 놀이할 때
- **대부분 사실:** 유아가 친숙한 어른에게 때때로 말하고 놀이하나 그 반응이 일관성이 없을 때
- **사실 아님:** 유아가 친숙한 어른과 거의 말하거나 놀이를 하지 않거나 가끔 한 번씩만 할 때
- **전혀 사실이 아님:** 유아가 친숙한 어른과 말하거나 놀이를 하지 않을 때

또한 각 문항이 우려사항이라면 ○에 표할 수 있으며, 그 항목이 유아의 중재목표이기를 희망할 경우에는 △에 표한다.

각 질문을 주의 깊게 읽은 후,

1 유아의 행동을 가장 잘 묘사한 경우에는 네모(□)에 표시하세요.
2 이 행동이 우려사항이라면 동그라미(○)에 표시하세요.
3 이 항목이 중재목표가 될 것이라면 세모(△)에 표시하세요.

※ 위의 평가방법은 Squires, J., & Bricker, D. (2007), 허계형 · 노진아 역, 「An activity-based approach to developing young children's social emotional competence」(pp. 227-233.)을 참고 · 재정리하였다.

심 숙 영

숙명여자대학교 아동복지학과 학사
숙명여자대학교 대학원 아동복지학과 석사 (아동심리 전공)
미국 Iowa State University 대학원 Human Development & Family Studies 석사 (유아교육전공)
미국 Iowa State University 대학원 Human Development & Family Studies 박사 (유아교육전공)
한국교육개발원 연구원 역임
(현재) 숙명여자대학교 원격대학원 영유아교육전공 교수

영유아 사회정서행동 I - 진단평가 및 개별화 교육활동

초판 1쇄 인쇄 2013년 3월 19일
초판 1쇄 발행 2013년 3월 26일

지은이_ 심숙영
펴낸이_ 황호철
펴낸곳_ 도서출판 파란마음

주소_ 140-845 서울시 용산구 백범로90라길 47 | 전화_ (02) 3275-2110~1 | 팩스_ (02) 3275-2199
홈페이지_ http://paranmaum.co.kr/

등 록_ 2006년 4월 24일 · 제302-2006-00024호

ISBN 978-89-97982-12-7 93370
값 12,000원